全国艺术职业教育系列教材·高职卷
中国艺术职业教育学会推荐教材

形体训练教程

主　编　吴　蕾
副主编　孙丽萍　杨　帆　秋　叶
编　委　（以姓氏笔画为序）
王燕红　孙丽萍　杨　帆　吴连鹏
吴　蕾　何蓓蓓　陈克强　陈　念
秋　叶　郝丽坤　康建飞

WUHAN UNIVERSITY PRESS
武汉大学出版社

图书在版编目(CIP)数据

形体训练教程/吴蕾主编．—武汉：武汉大学出版社，2017.11(2021.12重印)
全国艺术职业教育系列教材·高职卷
ISBN 978-7-307-19499-1

Ⅰ.形…　Ⅱ.吴…　Ⅲ.形体—健身运动—高等职业教育—教材
Ⅳ.G831.3

中国版本图书馆 CIP 数据核字(2017)第 181092 号

责任编辑：程牧原　　责任校对：汪欣怡　　版式设计：韩闻锦

出版发行：**武汉大学出版社**　(430072　武昌　珞珈山)
(电子邮箱：cbs22@whu.edu.cn 网址：www.wdp.com.cn)
印刷：武汉中科兴业印务有限公司
开本：787×1092　1/16　印张：10.75　字数：239 千字　插页：2
版次：2017 年 11 月第 1 版　2021 年 12 月第 2 次印刷
ISBN 978-7-307-19499-1　定价：32.00 元

总　序

在我国实施文化强国战略和职业教育事业实现跨越式发展的大背景下，艺术职业教育在办学理念、办学规模、办学效益以及教学改革、培养质量和办学条件等方面都取得了长足进步。六十年传统积淀、十余载创新发展，伴随着中等职业教育的稳定前行，高等艺术职业教育蓬勃而兴，不仅提升了我国艺术职业教育的层次和水平，更为艺术职业教育注入了巨大生机与活力。

当前，艺术职业教育机遇与挑战并存，特色与创新共进。紧跟文化产业发展步伐，适应艺术人才就业岗位需求，厘清艺术职业教育思想，更新艺术职业教育教学方法，完整科学的艺术职业教育教材体系的建立对实现我国艺术职业教育又好又快发展，无疑具有战略意义。

全国艺术职业教育系列教材建设是文化部、全国文化艺术职业教育教学指导委员会、中国艺术职业教育学会启动的艺术职业教育质量工程之一，它是为了适应新形势下我国艺术职业教育发展需要而编撰出版的系列教材。其选编思路是主动适应国家文化产业升级发展需求，对接行业、职业标准；打破学科框架束缚，以项目、任务为导向组织教材内容，突出学生能力培养，体现艺术类专业基于实践的科学合理的学习过程；注重国际视野与先进教学技术手段的运用，反映文化艺术行业、产业发展的新方向和新趋势；同时注重收纳具有民族精神与民间特色的非物质文化遗产内容，实现高校文化传承功能。

全国艺术职业教育系列教材涵盖音乐、舞蹈、戏剧、美术等各个艺术门类，分高职卷和中职卷，按照宜统则统、宜分则分、分类分步、梯次推进的原则，重点开展专业核心课、专业基础课、公共基础课教材的开发与建设，计划在“十二五”期间完成60种以上教材的编撰工作。本次系列教材编写联合全国18所高职艺术院校，集中全国艺术职业教育的优质资源，着力打造一批理念先进、内容科学、构架合理、特色鲜明的艺术职业教育精品教材。

全国艺术职业教育系列教材的出版，是对不断深化的艺术职业教育教学改革成果的总结。我们相信，它的广泛使用，将为实现全国优质艺术教育教学资源共享搭建平台，使艺术职业教育教学行为更系统、规范、科学，从而推进全国艺术职业教育教学的整体持续发展，为实现文化强国战略提供坚实的人才支撑与质量保障。

总编委会

2012年9月

目　　录

初　级　篇

第一章　肢体训练 3

第一节　上肢训练 4

第二节　下肢训练 14

第二章　把杆训练 29

第一节　扶把训练 30

第二节　把杆动作训练 31

第三章　身体素质训练 37

第一节　腰、腹能力训练 38

第二节　腿部肌肉训练 41

第三节　力量素质综合训练 43

中　级　篇

第四章　传统风格化形体表演训练 47

第一节　手的基本姿态与动作 48

第二节　脚的基本姿态及动作 67

第三节　眼部的训练 75

第五章　中国民族民间舞训练 87

第一节　东北秧歌训练 88

第二节　云南花灯训练 92

第三节　蒙古族民间舞训练 94
第四节　维吾尔族民间舞训练 100

第六章　外国代表性舞蹈训练 113
第一节　小步舞训练 114
第二节　玛祖卡训练 119

高　级　篇

第七章　分解格斗训练 125
第一节　掌与拳的训练 126
第二节　肘、腿、步法的训练 136

第八章　打斗技巧训练 147
第一节　翻摔技巧的训练 148
第二节　擒拿与接触训练 158

初级篇

初级篇以芭蕾形体训练为基础，但有别于传统意义上舞蹈专业中的古典芭蕾基本功训练，而是侧重健身、塑形、纤体，将芭蕾舞独有的气质和内涵融汇到自身的内在美中。同时配合各种不同的肢体动作加以训练，提高训练者的肌肉能力，重塑优美线条，改善外在美；结合身体柔韧性和素质训练，来提高身体的协调性和控制力。内外兼修，让训练者举手投足中都充满高贵典雅的气质和自信迷人的魅力！

第一章

肢体训练

本章节以古典芭蕾舞“开”“绷”“直”“立”四大审美标准为依据，通过科学、有效的训练方法，改变训练者自身原有的身体形态，提高其肢体的灵活性和舒展性，帮助训练者规范和纠正生活中不正确的姿态。

对于初次接触形体训练的学生来说，在学习各种动作及其组合之前，必须先了解“开”“绷”“直”“立”的概念，以便更好地开展接下来的训练。

开，通常是指身体的肩、胸、胯、膝关节、踝关节向外打开。特别是腿部的外开，要从大腿根部最大限度地向外转开 180 度。

绷，通常是指膝盖和脚背的绷直。舞者只有将肢体的各个部位都“绷”直，才能给人一种视觉的延伸感，提升腿部线条的美感和表现力。

直，通常是指双腿的膝盖要伸直以及身体后背要垂直。

立，通常是指身体要挺拔、直立。“立”可以使人产生向上的提升感，使舞姿更加轻盈、优美。

第一节　上肢训练

一、头部训练

头部姿势的正确与否直接影响整体形态及动态步伐的展示，在形体训练中起着至关重要的作用。头部训练由向前屈、向后屈、向右屈、向左屈、向右转、向左转、头部顺时针划圈、逆时针划圈转头等基本动作组成。

（一）基本做法和要领

向前屈： 即低头，用下巴去靠胸口，使颈椎最大限度地往下、往里拉长。

向后屈： 即仰头，用后脑勺去靠后背，使颈椎向后最大限度地拉长。

向左屈（向右屈）： 即向左、右倾头，用耳朵去靠肩膀，使颈部两侧的肌肉得到充分拉伸。

向右转（向左转）： 即头颈部向左或向右转 90 度（转到教室的 3 点或 7 点）。注意做此动作的时候，下巴对准同一侧的肩膀。

头部的顺时针（逆时针）转动： 即将向前屈—向右屈—向后屈—向左屈—向前屈这一系列动作按顺序做 360 度的环动。

（二）头部训练组合

准备姿势： 身体站直，脚呈大八字，双手叉腰，目视前方。

[1] 1—2　头部前屈。

3—4　归位。

5—6　头部后屈。

7—8　归位。

［2］1—8　重复［1］1—8 的动作。
［3］1—2　头部右屈。
　　3—4　归位。
　　5—6　头部左屈。
　　7—8　归位。
［4］1—8　重复［3］1—8 的动作。
［5］1—2　头部向右转。
　　3—4　归位。
　　5—6　头部向左转。
　　7—8　归位。
［6］1—8　重复［5］1—8 的动作。
［7］1—8　头部顺时针转动一圈。
［8］1—8　头部逆时针转动一圈。

教学提示

注意做以上动作的时候，肩膀要自然放松、下沉，不可耸肩缩脖。做转动时要连贯，不要停顿。尽量把每个动作都做到位。

二、手臂基本形态训练

手臂是我们的肢体中重要的组成部分，赋予形体灵性与动感，起到修饰和平衡的作用。手臂训练由手型、手臂的基本位置等内容组成。

（一）芭蕾手型

将中指、无名指、小拇指三指靠拢，自然弯曲。食指紧贴着中指，但略高于中指。大拇指在与食指平行的位置上，整个手好似鸭嘴，有一定的弧线。(见图 1-1)

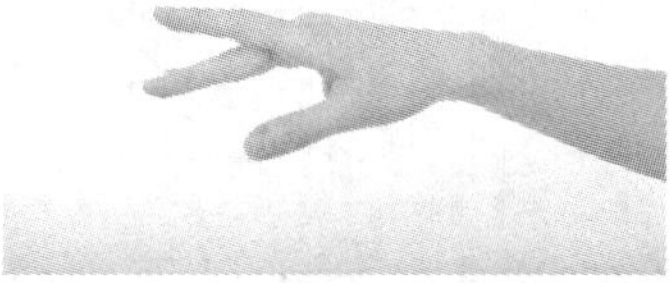

图 1-1

（二）手臂的基本位置

1. 一位

双臂在身体前自然下垂，胳膊肘弯曲，指尖相对，掌心向上。双臂姿态呈椭圆形。(见图 1-2)

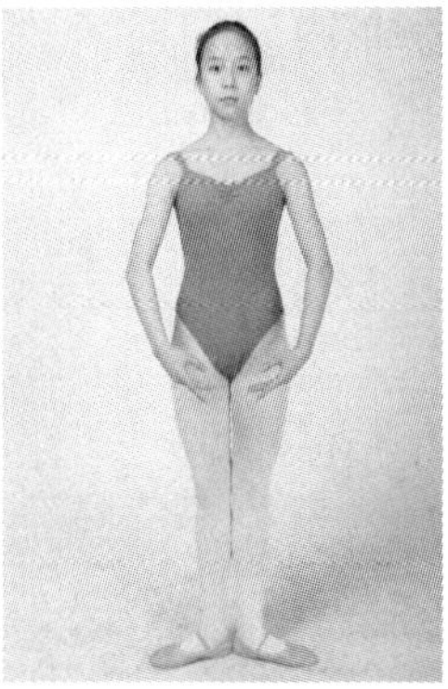

图 1-2

2. 二位

将双臂保持弧形，抬起到对着胃部的位置，掌心对着身体。(见图 1-3)

图 1-3

3. 三位

将双臂上抬至头顶上方稍微偏前的位置。掌心对头顶，两手之间是一个拳头的距离。自查标准：不抬头，只翻起上眼皮能看见小拇指的位置。(见图 1-4)

图 1-4

4. 四位

左手保持住三位的姿势，右手小拇指下切至二位的位置。(见图 1-5)

图 1-5

5. 五位

左手保持住三位的姿势，右手从二位向旁打开。(见图 1-6)

图 1-6

6. 六位

将之前呈三位姿势的左手下切至二位的位置，右手保持住五位的姿势。(见图 1-7)

图 1-7

7. 七位

将之前处于二位的左手向旁打开，此时，双手的感觉像抱住一棵大树，要保持圆形。(见图 1-8)

图 1-8

（三）手臂训练组合

1. 单一训练

准备姿势：身体站直，脚呈小八字，目视前方。

[1] 1—4 手臂由准备位一位上抬至二位。

5—8 停住。

[2] 1—4 手臂由二位上抬至三位。

5—8 停住。

[3] 1—4 手臂由三位到四位。

5—8 停住。

[4] 1—4 手臂由四位到五位。

5—8 停住。

[5] 1—4 手臂由五位到六位。

5—8 停住。

[6] 1—4 手臂由六位到七位。

5—8 停住。

[7] 1—4 呼吸伸长。

5—8 双手收回。

2. 综合训练

准备动作：身体面向教室的 8 点站好，双脚呈小八字，双手于一位做好准备。

[1] 1—2 右手抬起到二位。

3—4 右手由二位向旁打开到七位。

5—8 左手重复和右手相同的动作。

[2] 1—2 经过呼吸，双手伸长。

3—4 双手到一位。

5—6 双手抬起到二位。

7—8 双手再抬起到三位。

[3] 1—2 右手由三位下到二位。

3—4 右手向旁打开到七位。

5—6 左手由三位下到二位。

7—8 左手再由二位向前伸出，呼吸伸长，双手形成 arabesque 舞姿。（见图 1-9）

图 1-9

[4] 1—4 右脚向后擦出点地。

5—8 舞姿停住。

教学提示

在手臂训练的过程中，要求肩膀自然放松下垂，脖子向上拉伸，肘、腕部始终保持弯曲。手臂不管在任何位置都要保持圆形，肘、腕关节等不可以出现棱角。对于初学者，由于动作的规范性不高，方向感差，所以在初学阶段应争取在每一个手位上停留的时间稍长一些，多控制一下。在熟练掌握动作顺序后，要求带上头部动作完成练习。眼睛看着手的变化，头部转动的方向正好和手的姿势相对，如抬右手、头部往左倾斜。

三、上肢柔韧性训练

通过身体柔韧性方面的训练，增强训练者韧带和肌肉的伸展能力，加大人体关节活动范围，正确掌握动作要领，达到动作要求。

（一）肩部柔韧性训练

1. 压肩

面对把杆一步距离，两臂交叉（右上左下）搭放在把杆上，上身前屈，两腿并步拉伸，提气、收腹、低头，利用上身往前推挤向前拉肩，使肩关节充分拉开，拉伸到最开的位置时停耗一段时间，效果更好。也可两人相互压肩，一人做压肩动作，另一人手压肩背部以锁骨为方向向前推挤。(见图 1-10、图 1-11)

图 1-10

图 1-11

教学提示

手臂、腿、躯干充分伸直，不能弯曲。肩关节充分拉开，呼吸与动作配合，压肩时要由轻到重、由慢到快，不可突然用力，以免造成损伤。

2. 反拉肩

背对把杆，并步或前后弓步站立，眼视前方，两臂伸直，双手正握把杆，两手距离略比肩窄，两腿并拢屈膝下蹲或弓步下蹲，利用上下振动，拉大手臂与身体的角度，到最大角度时停止。

教学提示

振动幅度越大越好，肩关节充分拉开，呼吸与动作配合。节奏两拍一次，最快一拍一次，四至八个八拍后停止，或可根据需要而定。(见图 1-12)

图 1-12

3. 跪拉肩

准备动作：绷脚并腿，脚尖顶墙，双手抓把杆，与肩同宽，跪坐于把杆正下方，目视前方。

做跪拉肩时，脚尖顶墙，脚背贴地，膝盖伸直，大腿、髋、腰、胸、颈、头、手臂依次呈波浪状向上顶起，身体离开地面成反弓形。收时，屈肘、收腹、含胸、低头，还原至准备动作。（见图 1-13、图 1-14、图 1-15）

图 1-13

图 1-14

图 1-15

教学提示

身体各关节依次呈波浪状顶起和收回时，躯干、四肢、头部要充分延展，呼吸要与动作配合。在完成动作时，可以采取停耗的方式来增强动作训练效果。

4. 肩部动作组合

准备姿势：分脚站立，双手垂直放腿两侧，直腰直头，眼视前方。

5—8　双手十指交叉握住，翻掌，掌心朝外。

［1］1—4　向上直甩，两拍一次上下。

5—8　重复（或可再一个八拍反复）。

［2］1—8　右手顺时针甩臂，两拍一圈。

［3］1—8　右手逆时针甩臂，两拍一圈。

［4］1—8　左手顺时针甩臂，两拍一圈。

［5］1—8　左手逆时针甩臂，两拍一圈。

［6］1—8　右上左下，由前往后甩臂，四拍一次，左右手交替。

［7］1—8　两拍一次交替甩臂。

教学提示

甩臂过程中要最大限度地拉伸肩关节，以手尖来画圆，转拧要充分，注意协调配合，否则容易受伤。

（二）胸部、腰部柔韧性训练

1. 挑胸腰

并腿坐在把杆下方，屈膝收腿，脚尖点地，双手正握把杆，与肩同宽，目视前方准备。做波浪挑胸腰的动作，从膝、大腿、髋、腰、胸、肩颈、头、手臂依次向上方挑送展开。回收时，由屈膝、弯腿、收腹、含胸、低头至开始姿势。

教学提示

身体要按动作顺序依次展开和回收，使身体成波浪式运动。身体展开时，胸部要高于把杆，推手顶肩，呼吸与动作配合。节奏八拍一次或两拍一次，也可根据需要而定。（见图1-16、图1-17、图1-18）

图 1-16

图 1-17

图 1-18

2. 拉侧腰

侧对把杆一步距离站立，目视前方。靠把杆的那只手伸直扶把杆，另一只手由身侧向上摆动至把杆，带动头、躯干倾斜，抓住把杆，腿伸直，侧腰充分拉长。还原时，后扶把杆的那只手抬起，带动头和躯干伸直，手回身侧，站立。（见图1-19）

图 1-19

教学提示

双手扶把杆时，侧腰肌充分打开，远离把杆，手臂和腿要伸直，呼吸与动作相配合。节奏四拍一次或两拍一次，四个八拍后停耗或根据需要而定。

3. 胸腰动作组合

（1）组合一

准备姿势： 双手齐肩抓握把杆，背面对墙直坐，屈膝收腿，并脚，脚尖点地，头伸直，眼视前方。

［1］1—4　挑胸腰起。

　　5—8　定位控制。

［2］1—4　回至准备姿势。

　　5—8　停住。

［3］1—8　重复［1］1—8 的动作

［4］1—4　双手松把杆，控制住胸腰。

　　5—8　挑胸腰起直立站。

［5］1—8　控制住胸腰。

［6］1—4　挑胸腰站立。

　　5—8　甩腰直立，两拍一次。

教学提示

挑胸腰起时，身体各部位依脚踝、膝、髋、大腰、胸腰的次序循环连接。控制胸腰时，以锁骨为点挑立，收腹立腰，伸展胸腰和肩关节，动作应舒展、顺畅、优美。

（2）组合二

准备姿势： 俯卧于地面，双手贴身，掌心贴地，并脚直膝，绷脚。

［1］1—4　起胸倒立。

　　5—8　控制。

［2］1—4　回落至准备姿势。

　　5—8　停住。

［3］1—8　重复胸倒立，控制住。

［4］1—4　并脚开胸腰，双脚前直落至头的前方地面。

　　5—8　停住。

［5］1—4　回至准备姿势。

　　5—8　停住。

教学提示

做胸倒立时，脚尖延伸踹立，身体与地面垂直。开腰脚落地，直膝、并脚、绷脚、脚尖点地，充分拉伸，展开胸腰和颈部。

（3）组合三

准备姿势：分腿跪立，手垂直放于身体两侧，直背，目视前方。

5—8　直举手准备。
[1] 1—4　往后下腰，身体平贴地面。
5—8　顶髋关节，挑腰起。
[2] 1—8　重复 [1] 1—8 动作。
[3] 1—2　甩腰，两拍一次。
3—4　起腰。
5—8　抓脚。
[4] 1—4　停住。
5—8　起腰回准备姿势。

教学提示

往后下腰时，依次是手背、臂、肩背、腰、髋部；起腰时，依次是脚背、腿部、髋、腰、胸腰至手尖。下腰抓脚时成“n”状为最佳。

第二节　下肢训练

一、脚部训练

脚是人体重要的负重器官和运动器官，脚部训练是形体训练的重要组成部分。

（一）勾绷脚的训练

勾绷脚主要是针对脚趾、脚背及脚踝关节的训练，通过练习可以提高这些部位的灵活性以及柔韧性。勾脚是指从脚踝部至脚尖向上勾起，绷脚即从脚踝部至脚背向下绷起。

（二）训练组合

1. 勾绷脚的基本训练

准备姿势：坐立于地板上，双腿伸直，膝盖并拢，脚尖绷起。后背立直，双手打开放在胯的两侧，指尖轻轻触地。抬头，目视前方。

［1］1—2　勾脚趾（右脚）。
　　3—4　全脚勾起（右脚）。
　　5—6　绷脚背（右脚）。
　　7—8　绷脚趾（右脚）。
［2］1—8　左脚重复右脚的动作。
［3］1—8　双脚一起重复［1］1—8 的动作。
［4］1—8　双脚一起重复［1］1—8 的动作。
［5］1—2　快速勾起双脚。
　　3—4　快速绷下双脚。
　　5—8　反复一遍。
［6］1—8　重复［5］1—8 的动作。
［7］1—8　双脚交替着做勾绷脚，两拍一次。
［8］1—8　重复［7］1—8 的动作。

教学提示

做此动作的时候，要求后背从始至终保持直立，收腹收臀，抬头挺胸。勾脚的时候，膝盖要伸直紧贴于地面，脚跟用力往远处蹬。绷脚的时候脚趾尖要尽量延伸。（见图 1-20、图 1-21）。

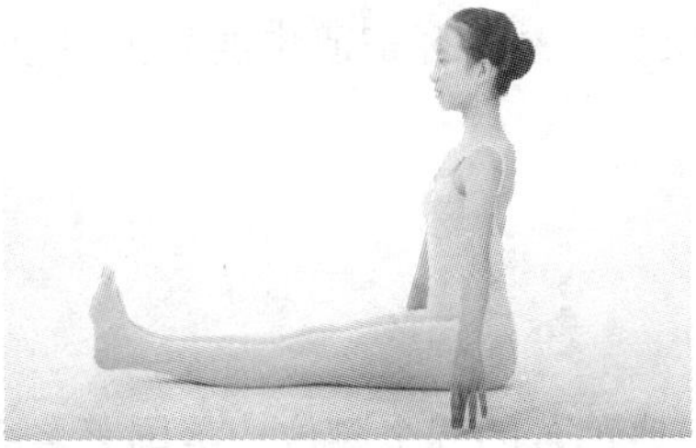
图 1-20

图 1-21

2. 勾绷脚环动

准备姿势：身体平躺于地面，腰部紧贴地面。双腿伸直，脚背紧贴并拢。双手放在胯的两侧，手心着地。

［1］1—2　双腿由大腿根部向外转开，呈外开状。
　　3—4　双腿合上，回到准备姿势。
　　5—8　反复一遍。
［2］1—2　双脚勾脚趾。（见图 1-22）
　　3—4　双脚勾全脚。
　　5—6　双腿从大腿根部向外转开，脚部由脚尖向外打开，呈一位状。（见图 1-23）

图 1-22

图 1-23

7—8 双腿保持转开不动，脚部由勾脚到绷脚背，再到绷脚趾，然后合上双腿。

[3] 1—2 双腿转开。

3—4 双腿合上。

5—8 反复一遍。

[4] 1—2 双腿转开。

3—4 由勾脚趾到勾全脚，双脚呈一位状。

5—6 双腿合上，双脚脚尖并拢，勾脚。

7—8 由绷脚背到绷脚趾。

教学提示

做此动作的时候，要求膝盖完全伸直，臀部夹紧。转开腿部肌肉要从大腿根向外 180 度旋转，肌肉充分拉伸。

二、脚位训练

在形体训练中最为普及且科学性最强的是古典芭蕾的五个脚位。美国著名舞蹈评论家珍妮·科恩就曾说过："芭蕾的古典风格是以脚的五个位置为基础的。"脚部训练由基本脚位和正步位等其他脚位的训练组成。

（一）基本脚位

1. 一位

两脚的脚跟靠拢相对，脚尖向外，双脚呈一字形。（见图 1-24）

图 1-24

2. 二位

在一位的基础上，两脚分开成一直线，两脚的距离是一只脚的长度。(见图 1-25)

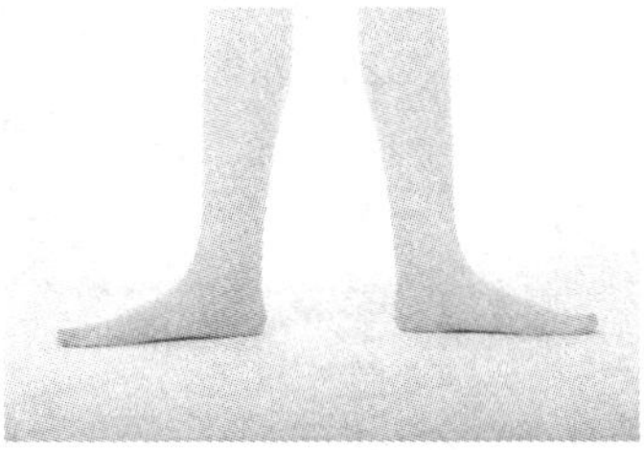

图 1-25

3. 三位

一只脚保持一位的形态，另一只脚放在其前面脚心的位置上，前脚的内侧贴住后脚的外侧。这个位置是一个过渡位。(见图 1-26)

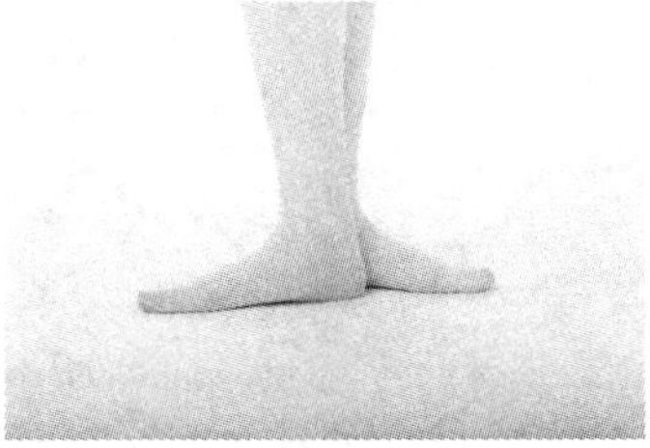

图 1-26

4. 四位

两脚脚尖都朝外，一只脚打开呈一位，另一只脚放在其前面与之平行，两脚之间相隔一只脚的距离。一只脚的脚跟对着另一只脚的脚尖。(见图 1-27)

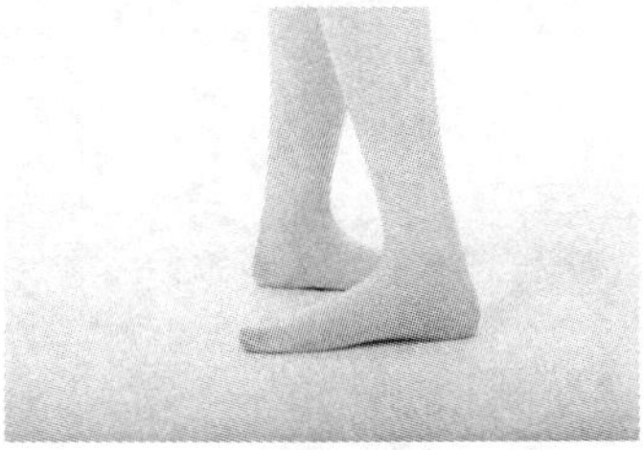

图 1-27

5. 五位

一只脚保持一位的形态，另一只脚以外开的形式紧贴住其前侧或后侧。一只脚的脚跟和另一只脚的脚尖相对。(见图 1-28)

图 1-28

（二）其他脚位

1. 正步位

双脚内侧紧贴，脚尖和脚跟对齐在同一水平线上，呈正方形。（见图 1-29）

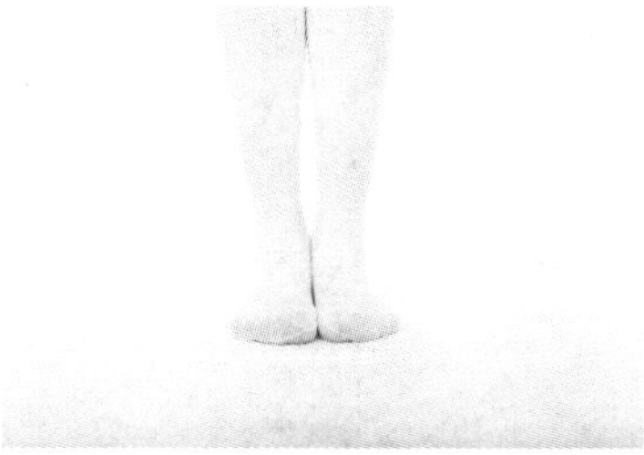

图 1-29

2. 小八字

在正步位的基础上，脚跟相对，脚尖外旋 45 度，双脚夹角大约 90 度。将重力平均分配于双脚。（见图 1-30）

图 1-30

3. 大八字

这是一个介于一位和正步位之间的位置。两脚脚尖之间的距离约为一脚或一脚半。（见图 1-31）

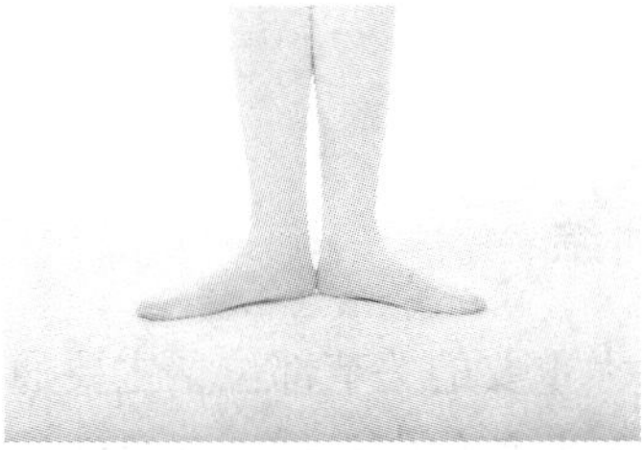

图 1-31

4. 丁字步

左脚按小八字站开，右脚放在左脚脚心窝的位置上，双脚呈“丁”字形，故为丁字步。(见图 1-32)

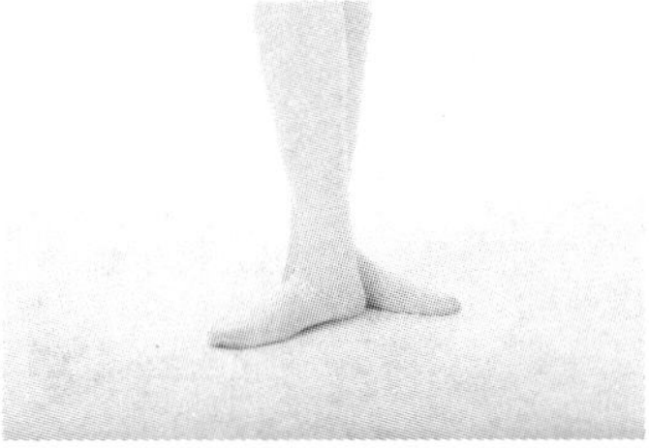

图 1-32

(三) 脚位训练组合

准备姿势：身体站直，双脚呈一位，目视前方。

［1］1—8　双脚于一位站住。

［2］1—4　双脚擦地往旁。

　　5—8　脚跟放下，呈二位。

［3］1—8　双脚于二位停住。

［4］1—8　由二位往前划至四位。

［5］1—8　双脚于四位站住。

［6］1—8　从四位收回到五位。

［7］1—8　双脚于五位站住。

［8］1—8　擦地收回到一位。

教学提示

由于每个人骨骼的外开程度不同，初学者可以先从小八字脚位开始练习，循序渐进，不要一味地强调外开，以免引起运动伤害。五个脚位都是围绕着外开来完成的，要求从大腿根部向外转开 180 度，旋转的同时，膝关节和踝关节要保持上下一致，达到整条腿的外开。身体的重量均匀地放在双脚上，均衡受力。脚心要平铺在地板上，脚的外侧去找地板，避免脚的内侧向前而倾倒。

三、膝关节及髋关节训练

膝关节、髋关节是下肢两大重要的关节部位，主要通过对膝关节弯曲、伸直以及髋关节外开、合拢的训练来提高这些部位的柔韧性和灵活性。

（一）膝关节训练组合

1. 吸伸腿练习

准备姿势：身体平躺于地面，腰部紧贴地面。双腿伸直，脚背紧贴并拢。双手放在胯的两侧，手心着地。

［1］1—2　右腿不动；左腿屈膝，绷脚，脚尖点地后向上吸起，吸至主力腿膝盖的位置。（见图 1-33）

图 1-33

3—4　大腿不动，小腿绷脚向上伸出，与地面呈 90 度直角，控制住。（见图 1-34）

图 1-34

5—6　停住。

7—8　屈膝，大腿不动，小腿折下，脚尖点地，膝盖伸直，回到准备姿势。

［2］1—8　右腿反复一遍。

2. 吸伸腿转开练习

准备姿势：身体平躺于地面，腰部紧贴地面。双腿转开，脚跟紧贴并拢。双手放在胯的两侧，手心着地。

［1］1—2　右腿不动，左腿绷着脚吸到右腿膝盖侧面的位置。

3—4　大腿不动，小腿向正前方 45 度伸出。（见图 1-35）

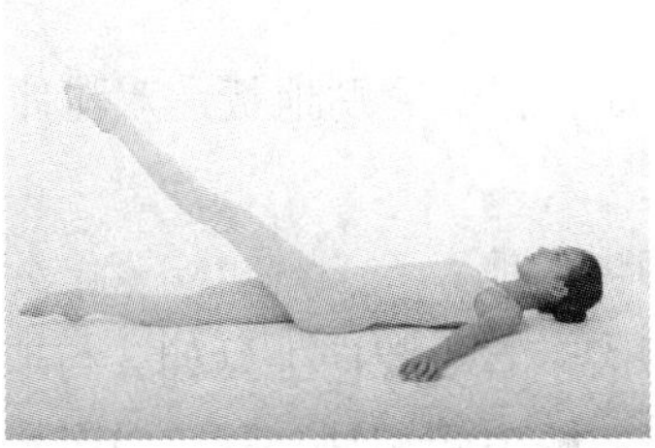

图 1-35

5—6　停住。

7—8　左腿转开，伸直，放下。

［2］1—8　右腿反复一遍。

这样交替反复 4 遍。

注：吸伸腿转开练习也可以向旁或俯身向后做。（见图 1-36、图 1-37、图 1-38、图 1-39）

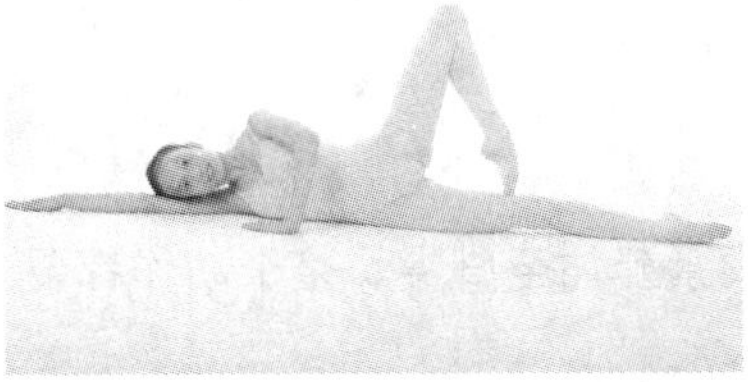

图 1-36

图 1-37

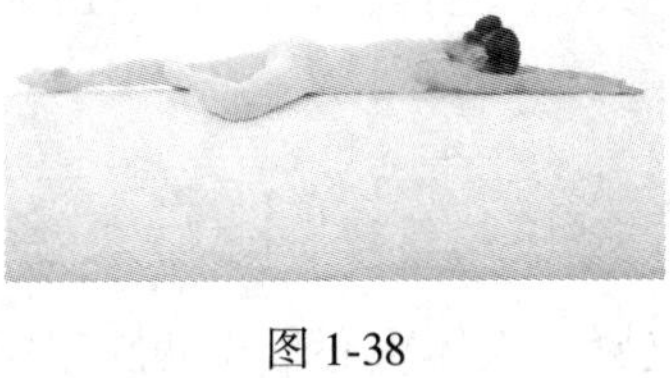

图 1-38

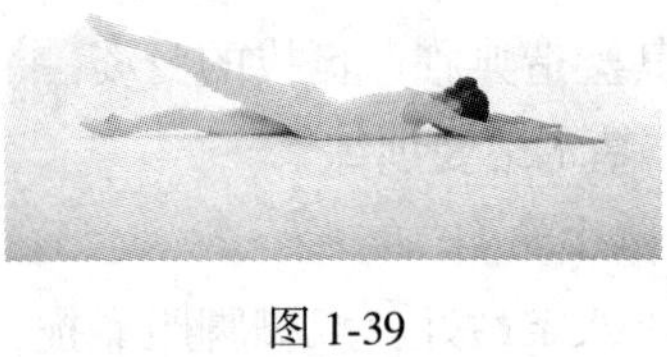

图 1-39

教学提示

首先要注意腿伸出方向的准确性；其次要注意所有的力量要延伸至脚尖，最大幅度地拉长腿部的肌肉线条。在做吸伸腿转开时，要始终保持主力腿的外开、延伸和绷脚；动力腿向旁出腿时，要有控制地延伸，不能贴着地面，主力腿和胯要紧贴地面，不能掀起；俯身向后出腿时，动力腿旋转外开，尽量保持两胯平行于地面，主力腿注意不要扣脚。

（二）髋关节训练组合

准备姿势：身体平躺于地面，腰部紧贴地板。双腿伸直，双脚紧贴并拢。双手放在胯的两侧，手心着地。

［1］1—2　双腿屈膝，脚尖点地。
　　3—4　大腿不动，脚尖带着小腿向上延伸，与地面呈90度直角。
　　da—　双腿向外转开，腿内侧相贴，膝盖向旁，脚跟相对。
　　5—8　打开180度横叉。
［2］1—4　停住不动。
　　5—8　双腿转开，伸直，收回。
［3］1—2　双腿屈膝，膝盖向旁，脚尖相对。
　　3—4　大腿不动，脚尖打开呈180度横叉。
　　5—8　打开横叉不动。
［4］1—4　向上抬起脚尖至双腿并拢，脚尖呈外开状。
　　da—　双腿合上。
　　5—6　双腿屈膝，大腿不动，小腿折下，脚尖点地。
　　7—8　伸直膝盖，绷脚，回到准备姿势。

教学提示

打开横叉的时候，要求膝盖完全伸直，肌肉收紧延伸至脚尖。整个动作都要注意髋关节和膝盖的外开，尽量去贴地面。

四、站姿、坐姿训练

站姿、坐姿的训练是形体训练中最重要的基本训练。通过训练，能够改变训练者原有的身体状态，改善因为不良生活习惯而引起的弓腰、驼背、含胸等不正确的身体姿态，帮助其塑造典雅、挺拔的身姿。

（一）基本站姿训练

1. 两侧手站姿

脚呈小八字站好，双脚脚跟靠拢，腿部内侧夹紧，人体重心落于两腿正中，上身略微前倾。头部摆正，目视前方，面部表情放松。双臂自然下垂、沉肩，指尖轻轻贴住大腿外侧。（见图1-40）

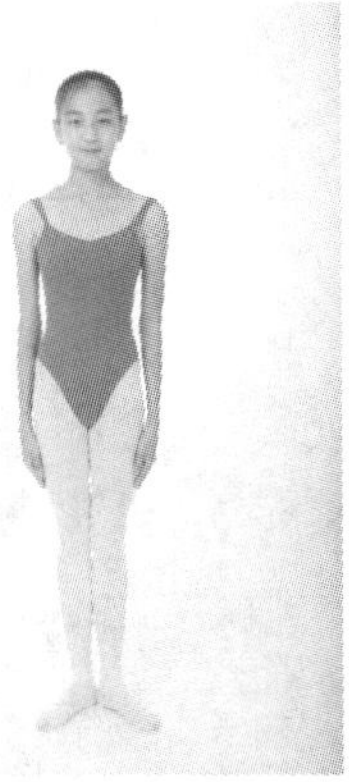

图 1-40

2. 前合手、后背手站姿

脚呈小八字站好，双脚脚跟靠拢，腿部内侧夹紧，人体重心落于两腿正中，上身略微前倾。头部摆正，目视前方，面部表情放松。将双手放在身体腹部前方或身后臀部上方，双手自然交握。(见图 1-41、图 1-42)

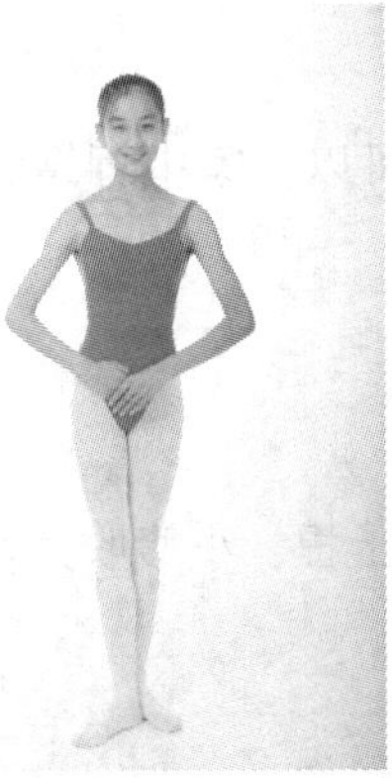

图 1-41

图 1-42

(二) 基本坐姿训练

1. 高位坐姿

臀部坐在椅子的中后部，双腿膝盖弯曲，并拢靠在一起。脚尖对前方。也可以双脚分开（适用于男士)，或交叉。后背拉直，收腹挺胸。肩膀打开，脖子拉长。将双手放在膝盖上。

2. 低位坐姿

低位坐姿分为屈腿坐姿、盘腿坐姿和跪立坐姿 3 种（见图 1-43、图 1-44、图 1-45)。上身基本姿态的要求同高位坐姿。腿部姿态或弯曲，或盘起，或跪立于地面。

图 1-43

图 1-44

图 1-45

（三）训练组合

1. 站姿训练

准备姿势：双手扶把准备，脚呈小八字。

［1］1—4　将脚跟轻轻抬起。

5—6　停住不动。

7—8　落脚跟。

［2］—［4］重复［1］1—8 的动作三遍。

注：此动作也可以不借助把杆练习。训练者可以在家中背靠墙壁，脚跟、臀部、肩膀贴住墙壁，反复练习。

教学提示

腿部肌肉收紧，整个人体向上拔起，臀部肌肉上提，小腹收紧。肩膀下沉外旋，肋骨收起，不可向外展开。

2. 坐姿训练

准备姿势：正步站好，身体直立，站在椅子前面，仰头，目视前方。

［1］1—2　左脚往后撤步，右脚点地。

3—4　右脚收回。

5—8　后背直立，坐下。双手放在大腿上，掌心贴住大腿。

［2］1—2　右脚向旁伸出，呈弯曲状。

3—4　左脚伸出，贴住右脚。

5—8　双手收回，放在右腹的前方，右手握住左手手指，呈斜放坐姿。（见图 1-46）

图 1-46

［3］1—2　左脚收回，半脚尖点地。

3—4　右脚收回，贴住左脚。

5—8　双手放回大腿上。

［4］1—2　脚跟放下。

3—4　双脚着地。

5—8　停住。

教学提示

要求在完成此动作的时候，后背始终保持直立，不能弯腰驼背。

五、步伐训练

步伐训练也称为脚步训练，指在各种行进姿态中脚步的灵活运用与节奏处理。通过系统规范的训练，培养训练者在行、跑、跳等动作中的灵活性、协调性及节奏感。步伐训练包含跑跳步、勾绷脚及移动步伐。

（一）跑跳步及训练组合

1. 跑跳步

跑跳步是一种非常简单、易掌握的步伐。在做好准备之后，将重心轻轻推到点地的右脚上去，点地的右脚放下脚后跟。左脚迅速抬起，左腿吸起，脚尖轻轻地点在右膝盖侧面的位置上。与此同时，右脚轻轻地向上跳起。依此循环。此动作可以直线行进、斜线行进和环线行进。

2. 训练组合

准备姿势：在教室的斜角站好准备。双手叉腰，左脚打开呈小八字，右脚向前绷脚、点地、停住。

［1］1—8　由教室的 6 点向 2 点，直线跑跳步 8 次。

［2］1—8　由教室的 2 点向 4 点，直线跑跳步 8 次。

教学提示

此训练一定要注意吸腿的位置，要求高吸腿，动力腿点在主力腿膝盖侧面的位置上（见图 1-47）。做这个动作不光要在换脚的时候向上跳起，还要注意行进中重心前移。训练中后背保持直立，沉肩，抬头挺胸，不可弓腰驼背，要表现出欢乐自信的情绪。

图 1-47

（二）勾绷脚移动步伐及训练组合

1. 勾绷脚移动步伐

在行进过程中，双脚交替完成勾脚和绷脚的动作。

2. 训练组合

准备姿势：在教室的斜角站好，双手叉腰，正步站好，双腿微微屈膝。

［1］1　左脚离地，抬起一点后踩下，左腿保持屈膝；与此同时，右脚迅速绷起，脚尖点地立在地板上，脚背向外推出。

2　左脚不动，右脚由绷脚、脚尖点地变成勾脚、脚跟挨地。

3—4　左脚重复之前右脚的动作。

5　左脚由勾脚抬起，踩下，左腿屈膝；右脚脚背推出，脚尖点地。

6—8　左脚—右脚—左脚，三次连续地换脚推脚背。

重复［1］1—8 的动作做下去。（见图 1-48、图 1-49、图 1-50）

图 1-48

图 1-49

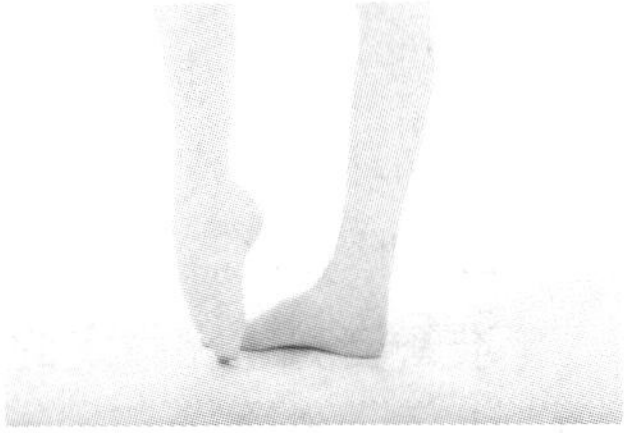

图 1-50

教学提示

首先要注意动作与音乐的配合，每次都是一拍一个动作。步伐要清晰，绷脚要用脚背推出去，勾脚要做到位。其次要注意行进中身体的基本姿态，动作中后背保持直立，沉肩，抬头挺胸，不可弓腰驼背，要表现出欢乐自信的情绪。

第二章

把杆训练

借助把杆的使用，在双手或单手扶把的状态下，通过擦地、蹲、小踢腿和控制等训练，帮助训练者更好地掌握和控制身体的直立，增强身体的稳定性和协调性。同时通过与音乐节奏的准确配合，达到更加完美地展现形体语言的效果。

训练过程中强调每一个动作都是由双手扶把做起，再过渡到单手扶把；由分解的单一练习再过渡到节奏的变化性训练，内容由浅入深，由易到难，体现训练的规范性和系统性。

第一节　扶把训练

一、双手扶把

双手扶把是指身体面向把杆，双手轻轻地放在把杆上，肩膀下沉，手腕、胳膊肘下垂，胳膊肘在身体前面约一个拳头的距离。大臂轻轻地贴在身体的两侧，双手扶把的距离与训练者的肩部同宽。(见图 2-1)

图 2-1

二、单手扶把

单手扶把是指身体侧对把杆，靠近把杆的手轻轻地放在把杆上（手心向下)，不扶把的手放在身体的前方，胳膊肘呈弯曲状为宜。(见图 2-2)

图 2-2

教学提示

（1）把杆的高度一般与训练者的腰部齐平，过高或过矮都会对训练有所影响。

（2）注意扶把的手腕放松自然下垂，肩膀下沉，不能架大臂和翘胳膊肘。

第二节　把杆动作训练

把杆训练主要由蹲、擦地、小踢腿、划圈、单腿蹲、小弹腿、控制、大踢腿等具体动作组成。本章节只选取更有针对性和训练价值的动作组合。

一、蹲（plie）及其训练组合

（一）蹲

蹲分为半蹲和深蹲两种。半蹲是指持续缓慢地屈膝，膝盖向下用力，双腿打开下蹲至最大限度，不起脚后跟（见图 2-3）。深蹲是在半蹲的基础上继续向下蹲到最低点，脚后跟抬得越低越好（见图 2-4）。蹲的训练重点是锻炼髋关节、膝关节、踝关节韧带的伸展，增大各个关节的外开程度，起到锻炼腿部肌肉的作用。

图 2-3

图 2-4

（二）训练组合

准备姿势：单手扶把，一只手放在把杆上，另一只手呈一位，脚呈一位准备。

［1］1—2　双腿做一次半蹲（demi-plie），然后站直；手由一位抬起到二位。

3—4　再做一次半蹲；手由二位打开到七位。

5—8　做一次深蹲（grand plie）；手位由七位下到一位，再到二位，再打开到七位。

［2］1—2　身体向前做下腰前屈。

3—6　停住不动。

7—8　起来，站直身体；手由二位打开到七位。动力脚擦地（battement tendu）往旁，放二位。

［3］1—8　脚在二位，重复［1］1—8 的动作。

［4］1—2　手由七位到一位，再抬至二位，再到三位。

3—4　身体向后下胸腰。

5—6　停住。

7—8　起身，手由三位打开到七位，脚从二位擦地到四位。

［5］1—8　脚在四位，重复［1］1—8 的动作。

［6］1—6　脚在四位，做一次环动下腰（即往前下腰，由手领着划到旁下腰，再到后下腰，再往外下旁腰，起身）。

7—8　脚由四位收到五位。

［7］1—8　脚在五位，重复［1］1—8 的动作。

［8］1—2　双腿经过五位蹲立起五位半脚尖；手由一位到二位，再到三位，停住。

3—8　停住。

教学提示

蹲的训练首先要注意的是髋关节、膝关节、踝关节的外开，尾椎骨对着脚后跟、膝盖对着脚尖、迎面骨对着脚面是外开的最高境界。其次注意后背的直立。站好以后，膝盖放松，缓慢地蹲下去，脚跟往下踩，起来的时候，头顶往上钻，髋关节用力带着向上提起，然后拉伸小腿、膝盖、大腿到直立。

二、擦地（battement tendu）及其训练组合

（一）擦地

擦地是整个把杆训练的基础，能够训练从脚趾、脚背、脚弓、脚腕到跟腱的韧带和肌肉，有效地提升这些部位的灵活性、柔韧性以及延展性。同时还能培养身体的垂直感，增强后背肌肉的控制力以及腿部肌肉群的伸展和外开。

擦地训练即主力腿保持转开和整条腿肌肉的上提，动力腿经过半脚尖到脚尖的过程擦着地板出去，再抹着地板收回。擦地训练分为往前擦地、往旁擦地、往后擦地。

（二）训练组合

准备姿势：单手扶把，脚呈五位站好。

5—8 一位的手经过二位打开到七位。

[1] 1—4 往前擦地一次。

5—8 反复。

[2] 1—2 往前擦出。

3—4 勾起动力脚。

5—6 再将脚绷下去。

7—8 脚收回到五位。

[3] — [6] 同样的动作依次往旁、往后做。

[7] 1—4 前脚擦地往旁做，收回到五位。

5—8 后脚擦地往旁做，收回到五位。

[8] 1—4 前脚擦地往旁做，收回到五位。

5—8 双腿半蹲，动力腿由前划到旁，再到后，双腿拉直，后脚点地。手也由七位下到一位，再到二位，最后形成 arabesque 舞姿。

教学提示

（1）往前擦地时，注意用脚后跟带着出去。动力腿的脚尖要对着主力腿的脚后跟。收回的时候用脚尖领着回来，脚心必须铺平。

（2）往旁擦地时，注意在保持主力腿外开的情况下，使主力腿和动力腿在一条线上。

（3）往后擦地正好与往前擦地相反，用脚尖带着出去，脚后跟领着回来。

（4）不论是往前、往旁还是往后的擦地，都要把重心放在主力腿的前半脚掌上，动力腿是不负重的。注意躯干的相对垂直和稳定。双手扶把擦地往前、旁、后（见图 2-5、图 2-6、图 2-7），单手扶把擦地往前、旁、后（见图 2-8、图 2-9、图 2-10）。

图 2-5

图 2-6

图 2-7

图 2-8

图 2-9

图 2-10

三、小踢腿（Battement tendu jete）及训练组合

（一）小踢腿

小踢腿即脚尖擦地，经过半脚掌，迅速从地板上踢起来，绷脚，在与地面呈 25 度到 45 度之间的位置停住，再点地，收回到五位。这个动作是快速的、有力量的，它区别于擦地的绵长，训练了腿部和脚部的肌肉力量，尤其是爆发力得到了充分的提升。小踢腿训练分为往前踢腿、往旁踢腿、往后踢腿。

（二）训练组合

准备姿势：单手扶把，脚呈五位站好。

5—8 脚下不动，一位的手由二位打开到七位架住。

［1］1—2 动力腿向前小踢腿一次。

3—4 反复一次。

5—8 向前小踢腿，做一次脚尖点地，脚收回到五位。

［2］1—8 同样的动作向旁做一次。

［3］1—8 同样的动作向后做一次。

［4］1—6　往旁做三次小踢腿。
　　7—8　半蹲一次。

教学提示

小踢腿是把杆上第一个脚离开地面的动作，注意保持胯部的稳定，双腿要完全地转开和伸展。腿踢起时，人体的重心始终是放在主力腿前半脚掌上的。单手扶把小踢腿往前、旁、后，见图 2-11、图 2-12、图 2-13。

图 2-11

图 2-12

图 2-13

四、单腿蹲（battement fondu）及组合训练

（一）单腿蹲

单腿蹲即脚于五位站好，主力腿半蹲，动力腿绷脚抓起至主力腿脚踝骨的上方（见图 2-14、图 2-15），再向前或向旁、向后伸出，直到双腿伸直。这个动作是舒缓、绵长、无限延伸的。通过双腿同时动作，既训练了双腿的外开，提高了双腿的柔韧性，又提高了双腿的协调性，锻炼了主力腿的承受力和稳定性，加强了训练者腹部和背部的肌肉力量。

图 2-14

图 2-15

（二）组合训练

准备姿势：单手扶把，脚于五位站好。

［1］1—4　往前单腿蹲一次，带手。
　　5—8　往前反复一次。
［2］1—8　同样的动作往旁做。收回立起，脚于五位呈半脚尖。
［3］1—8　在半脚尖的状态下，手由七位到一位，再到二位，再抬至三位停住。
［4］1—4　三位手，五位半脚尖，停住。
　　5—8　脚由半脚尖放下呈五位，手由三位打开到七位。
［5］1—4　往后单腿蹲一次，带手。
　　5—8　往后反复一次。
［6］1—8　同样的动作往旁做。收回立起，脚于五位呈半脚尖。
［7］1—8　在半脚尖的状态下，手由七位抬起到三位，再到二位。
［8］1—4　二位手，五位半脚尖，停住。
　　5—8　手由二位下到一位，再打开到七位，脚由半脚尖落下。

教学提示

（1）这个动作的用力方法一定是双腿同时下蹲，同时伸直。伸出到位时，动力腿要继续保持延伸感，主力腿继续向上拔起，人体向上用力。

（2）整个运动的过程，头和手的配合要协调，头要随着手的变化而转动。双腿的屈伸要缓慢而细致，连贯且有对抗性。腿往前伸出的时候，要注意用脚后跟和小腿带着伸出去，切忌为了动力腿的外开而主力腿坐胯；腿往后伸出的时候，注意动力腿膝盖旁，大腿要保持住外开并伸出。

（3）动力腿绷脚抓起至主力腿脚踝骨的上方，手在一位。腿向外伸出的时候，手由二位打开到七位。脚尖往远处延伸的时候，手做伸长状，要与腿配合协调。

第三章

身体素质训练

身体素质通常包括力量、耐力、速度、柔韧性、协调性等。在形体训练中，通过一定的身体素质专项训练手段，挖掘初学者人体最基本的能力，使其发挥出最大潜力，缩短训练者的身体素质和专业需要之间的距离。

第一节　腰、腹能力训练

一、仰卧起坐

身体仰躺于地面，双腿弯曲或并拢放直，双手交叉抱于头的后部，收腹含胸，向前梗头，起上身坐起，反复练习。

教学提示

手抱紧头部不能离开，收腹起身时要快速有力，下落时要有控制，与呼吸相结合。节奏为两拍一次或一拍一次，重复训练。

二、仰卧起腿

身体仰躺于地面，两脚伸直并拢，手抱头，亦可一人站于练习者头部两侧，练习者抓握站立者的脚腕处。腹部收紧，举双腿迅速向站立者或自己头部踢摆，腿部与地面所呈角度超过 90 度后，迅速回打地面并加以控制，反复练习。(见图 3-1)

图 3-1

教学提示

收腹起腿时要直膝绷脚，快速有力，回落时要有控制地落地，与呼吸结合。节奏为两拍一次或一拍一次，重复训练。

三、仰卧两头起

身体仰躺于地面，直膝绷脚，手臂举直，接着收腹含胸，双手和双脚同时向上抬起，以手拍打脚背后，控制回落，成预备式，重复训练。(见图 3-2)

图 3-2

教学提示

要求上身和下身同起同落。拍打脚面时位置越高越好，回落接近地面时要进行控制，不能手脚拍地，手臂和双腿要伸直并拢，与呼吸结合。节奏为两拍一次或一拍一次，重复训练。

四、仰卧起坐转体

身体仰躺于地面，双手抱头，收腿屈膝，脚尖点地，收腹含胸，抱头起上身转拧 90 度，右肘靠近左膝或左肘靠近右膝，躺身回预备姿势，反复练习。(见图 3-3)

图 3-3

教学提示

手抱头不能松开，左右转拧腰的角度不能低于 90 度，与呼吸结合。节奏为四拍一次或两拍一次，重复训练。

五、俯卧挺身

身体俯躺于地面，双手交叉抱头，脚并拢伸直，帮助者压练习者双脚腕，练习者背肌收紧，用力抬头向后起上身，至最大限度后，控制回落，重复练习。(见图 3-4)

图 3-4

教学提示

上身尽量抬高，双手不能松开，需要快起慢落，收腹提气，与呼吸结合。节奏为两拍一次或一拍一次，可在上身处于最高位置时进行控制。

六、俯卧两头起

身体俯躺于地面，双脚并拢，直举两只手臂，背肌收紧，腿和手臂同时快速向上抬起，使身体呈反弓形，回落时要有一定的控制力。

教学提示

手脚伸直拉长，快起快落，连接协调，身体不能松懈，与呼吸结合。节奏为两拍一次或一拍一次，亦可在手脚抬到高位时进行控制。

七、侧卧挺身

身体侧躺于地面，两腿伸直，双手抱头于脑后，帮助者压夹或坐于练习者腿部。接着侧腰部肌肉收紧，迅速向上挑抬上身至最高处，上身控制着落下，重复训练。

教学提示

手抱紧头不能松开，上身要尽可能抬高，左、右侧腰要交替练习，与呼吸结合。节奏为四拍一次或两拍一次，反复练习。

第二节　腿部肌肉训练

腿在整个人体中起支撑和稳定的作用，带领着脚来完成形体训练中的下肢动作。通过腿部训练，可提高腿部的协调控制能力，增强腿部的灵活性。

一、主力腿、动力腿的关系

在形体训练中，我们经常听到主力腿和动力腿。在动作中，稳住不动起支撑作用的腿是主力腿；用来做动作、来表现的腿是动力腿。

二、腿部训练组合

(一) 组合一 (地面踢腿)

准备姿势：身体平躺于地面，腰部紧贴地板。双腿伸直，转开。双手放在胯的两侧，手心着地。

[1] 1　右腿保持不动，左腿用脚尖最大幅度地向正前方踢起。(见图 3-5)

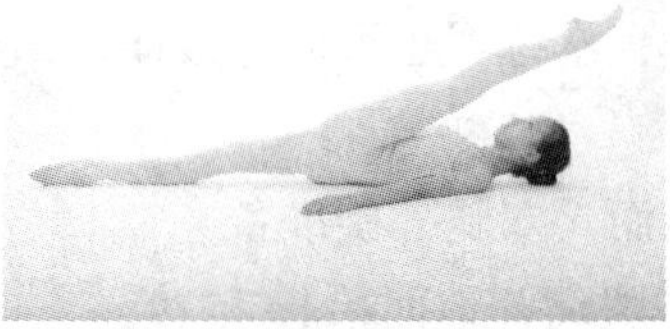

图 3-5

2　轻轻地控制住，落下。

3—4　停住不动。

5—8　反复一次。

[2] 1—4　左腿反复一次。

5—8　停住。

［3］—［4］右腿重复之前左腿的动作。

注：此动作也可以往旁做、往后做，动作要求都一致，但准备姿势不同。(见图 3-6、图 3-7、图 3-8)

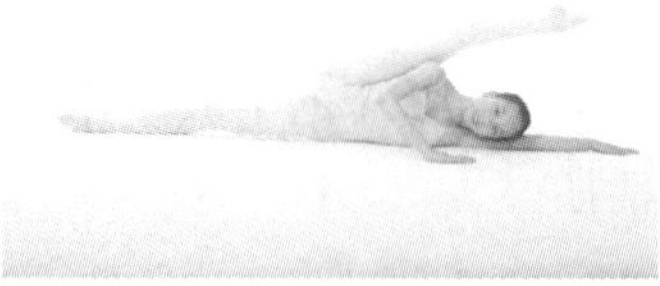
图 3-6

图 3-7

图 3-8

教学提示

不论是往前、往旁还是往后踢腿，都要遵循转开的原则，这样才能充分地训练大腿内侧的肌肉。在动力腿向上踢起的时候，要注意主力腿的稳定性，主力腿要紧贴地面，双胯不许动。动力腿的用力方法，一定是用脚尖从地板上带着起来，切忌用大腿带着做；并且要注意踢上去的速度要快，落下来的速度要慢，要有控制，轻轻着地。往后踢腿时要注意中段（腰部、腹部）收紧，不可以塌腰。要始终保持抬头、挺胸。

（二）组合二

准备姿势：双手扶把，脚呈大八字准备。

［1］1—4　一只脚往前擦地出去，绷脚尖，然后脚抬起，与地面呈 25 度。

5—8　脚点地收回。

单腿做八次后换另一条腿，本练习也可向旁或向后做。

（三）组合三

准备姿势：身体平躺于地面，双腿外旋准备。

［1］1—4　右腿不动，左腿离开地面抬起 45 度。

5—8　轻轻放下归位。

［2］1—8　反复一次。

［3］—［4］右腿重复左腿动作。

（四）组合四（跨腿提臀）

准备姿势：向右侧卧于地板，右臂屈肘形成直角，小臂紧贴地板，掌心向下。左手掌也在身体前侧撑地。

［1］1—4　支撑的大腿用力提起身体，让双腿离开地面。

5—8　放下大腿，收回。

这样一组反复 10 次。此组合坚持训练能达到提臀、紧实大腿肌肉的作用。

(五) 组合五

准备姿势：双腿屈膝跪地，双手在身体前伸直、支撑地面。头部向前。

[1] 1—4　右腿不动，左脚向后伸出点地。

5—8　左腿转开向上抬起，脚尖往后延伸，动作到位时，整条腿会有拉筋、肌肉伸长的感觉。

[2] 1—4　在此姿势上停住不动。

5—8　轻轻点地收回，换左脚反复。重复整套动作共两遍。

此组合坚持练习可以达到拉伸整个腿部肌肉的作用，让双腿变得更加修长。

教学提示

做以上动作的时候，所有的踢腿，一定是要用动力脚的脚尖从地板上带着起来，切忌用大腿带着做。

第三节　力量素质综合训练

一、力量素质训练组合一

准备姿势：并脚直立站，两手垂直于腿两侧，直头，眼视前方。

[1] 1—4　下蹲，领双臂向上跃起，向前吸收双脚，空中直腰平举手，落地下蹲。

5—8　双手直撑地，双脚迅速向身体后方地面伸踹落地，呈俯卧撑预备状。

[2] 1—4　收双脚，领臂向上直身跃起，空中直腰平举手，落地下蹲。

5—8　双手直撑地，双脚迅速向身体后方地面伸踹落地，呈俯卧撑预备状。

[3] 1—2　收双脚，领臂向上直身跃起，空中直腰平举手，落地下蹲。

3—4　双手直撑地，双脚迅速向身体后方地面伸踹落地，呈俯卧撑预备状。

5—8　重复（根据需要可再重复）。

教学提示

跃起时要高、迅速，吸腿要有力、绷脚，空中直腰要提髋、提气。下落呈俯卧撑姿势时，腹、背部要控制住，不能塌腰、松髋、屈膝，以加强腰、腹、背、膝及肌肉在快速运动当中的协调配合。

二、力量素质训练组合二

准备姿势：直身仰卧躺地，并直脚，绷脚尖，两手上举贴地，眼视上方。

［1］1—8　仰卧双拍腿，两拍一次。

［2］1—8　重复。

［3］1—4　仰卧双拍腿，四拍一次。

5—8　重复。

［4］1—8　重复［3］1—8 的动作。

［5］1—8　拍完腿快回地面时，在腿和上身离地 30 度左右的位置，进行控制。

［6］1—4　回到拍腿的位置，抱腿控制。

5—8　回到准备姿势。

教学提示

仰卧双拍腿，注意起腿时不能屈膝，不能单脚起，要绷脚，拍腿时要拍到脚背，身体尽量在拍腿时重叠。在拍腿位置抱腿控制时，要控制好身体重心，抱紧，以加强腹、背、腿在运动中肌肉的控制、协调配合。

三、力量素质训练组合三

准备姿势：双手齐肩直撑地面，身体呈斜线，直头看地，呈俯卧撑预备状。

［1］1—4　屈肘夹身，控制住，向地面运动。

5—8　推手直手，直身起，回预备姿势。

［2］1—8　重复。

［3］1—8　俯卧撑，两拍一次。

［4］1—4　回预备姿势后，髋部向上撅起，手、脚推指，头脸、胸腹向前贴地，拱至最远抬头；手臂由内侧肌肉控制转到外侧肌肉控制。

5—8　勾头，含胸收腹，撅髋推手。

［5］1—8　重复［4］1—8 的动作，八拍一次。

［6］1—8　重复［4］1—8 的动作，四拍一次。

［7］1—8　重复［4］1—8 的动作，四拍一次。

教学提示

俯卧撑肘不能外开，腹背要收紧。（后）俯卧撑尽量贴地延伸，需要开腰、收腹、提髋，重心前后移动，以加强腹、背、腰、手臂前后侧肌肉运动中的控制、协调配合。

中级篇

中级篇由传统风格化形体训练、中国民族民间舞蹈训练以及外国代表性风格舞蹈训练三个部分组成。“传统”与“风格”为本篇的关键词。从文化的角度，旨在通过形体的训练，让学生了解和体验中外舞蹈文化的渊源与传承；从身体训练的角度，通过不同风格、不同种类的形体训练，一方面提升学生形体表演的多样性，使之能够适应多元的肢体表达方式，另一方面让学生以身体力行的方式去感受舞蹈语言的丰富及其蕴含的深层文化表达。本篇从中国戏曲表演的“古典神韵”、中国民族民间舞蹈表演的“百花齐放”以及外国代表性风格舞蹈的“个性突出”三个层面来阐释形体训练中所包含的“多元一体，和而不同”的文化意味。

第四章

传统风格化形体表演训练

这章所指的传统风格化形体表演训练，包括表演和戏曲表演中唯美化的形体训练。我们把传统风格表演，即戏曲化形体表演，作为形体训练课程的一个组成部分，是由于戏曲表演的古典美，讲究的是协调、韵味及造型，而且是用形体充分表达人物的内心和体现人物的性格特征的。在形体训练中去学习和练习戏曲的形体表演，能够达到形体与表演的自然运用和有机结合，能自如地运用外部动作来传达人物的思想感情，从而更好地达到形体与内心相结合的目的。

此外，运用传统戏曲表演来训练学生的形体，能很好地训练其肌肉能力，美化其运动线条，通过种种流动变化的线条，寓形于神，来展示人体的一切神态美和其无穷的表现力。这也是为了使训练者们在需要穿上古装时，不至于“手足无措”“寸步难行”。我们训练这些项目，要求掌握手、膀、脚的基本动作和身体技术的初步基础知识，只有掌握了手脚的基本姿态、基本活动、基本位置及步法，才能进一步掌握传统的动作规律与技巧，塑造功架稳健、招式清楚、姿态优美的唯美形象。

第一节　手的基本姿态与动作

一、手位的基本造型

常言道，“上台一伸手，便知有没有”。这句话就是说，通过一伸手，便可以看出其艺术修养的深浅。在手位的训练上，要把劲头运用在手上，以手为主，控制手腕、牵动臂膀；如果把劲头用在手腕上，就必然出现手指僵死和折腕的现象。

（一）基本训练方法

1. 拳式练习

戏曲的拳式受到戏曲服饰长、大、宽的影响，不同于武术、舞蹈，其特点是大、空、松。大，即要求拳以外形大为原则；空，即拳握拢后均为空拳，四指弯曲时不要捏成“实心”；松，即握成拳后，四指不要捏紧发僵，应保持一定的松弛。

（1）男拳式：

先将手的五指伸直，然后，五指齐向手心弯曲，握成空心拳。用大拇指扣在食指的第一关节上，手腕稍向胸前扣，手指放松。(见图 4-1)

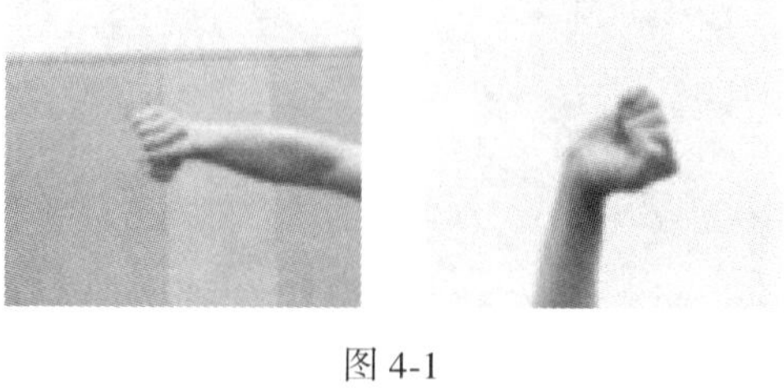

图 4-1

这里要展现男性英勇、雄壮的精神气质，因此要求拳形要相应大些，显示出男士的拳的力度。

（2）女拳式：

先将手的五指伸直，然后，大拇指之外的四指慢慢地向拳心弯曲。食指弯曲后，第一关节按在大拇指的指尖上。中指弯曲后，紧贴拇指。无名指和小指稍弯曲，翘起手指的第二关节。手指弯曲到位后，有明显发力的感觉。(见图 4-2)

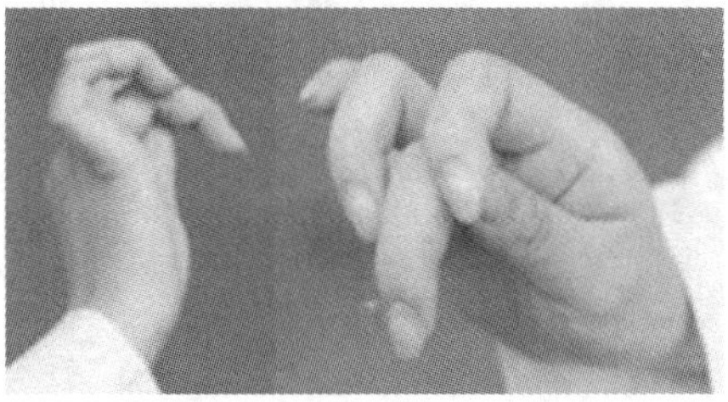

图 4-2

这里要体现出娟秀、妩媚及女性的柔软，表现人物的灵敏和聪慧的精神气质。

（3）端拳：

① 站成“丁字步”或“踏步”式，先做成男、女各需的拳式。

② 两臂往胸前弯肘，双拳分别置于左右肋下。左手拳的拳心（掌心）往上端放，右手拳将掌心朝下，也可朝上。两拳间相距约 10 公分。

③ 身体向右侧而立，收腹立腰，梗脖，提神亮相。站式可分左、右式练习。(见图 4-3)。

图 4-3

在舞台表演中，端拳表现人物紧系靠绳、整装束身、披挂上阵的情节，展现人物精神振作、斗志旺盛的神情。此动作呈紧系扣带的握拳方式。

（4）比武拳：

① 站成“丁字步”或“踏步”状。

② 两手呈男、女各需的拳式。两臂弯肘，在胸前做成圆形状。

③ 虎口相对，身体向右侧身而立。立腰，目视前方，提神亮相。(见图 4-4)

图 4-4

此动作为徒手格斗前的基本动作，动作可分左、右方向练习。比武拳常常用于人物显示自己愿意比武相搏的情节，用此动作相互比试较量，体现其不甘示弱的神态，有时还用于表示勒马的情节，以体现人物武艺高强、精神振奋。

（5）举拳：

① 站成“丁字步”或“踏步”状，两手成男、女各需的拳式。

② 两臂从身体左右两侧抬起，将双拳举过头顶。

③ 两拳虎口相对，扣手腕，掌心稍朝上，两肘稍弯，身体侧身而立，立腰，目视前方，提神亮相。(见图 4-5)

图 4-5

举拳也叫“虎豹头”，举拳亮相，显示威武的姿势。在舞台表演中，常常用于徒手格斗后，展示人物的威武和勇猛，刻画出其威武雄壮的形象。要求工架要圆，切忌窝胸、耸肩。

2. 掌式练习

受戏曲服饰长、大、宽的影响，戏曲的掌式特点是：掌心窝起后，手指却尽量后翘，并保持一定的距离。这跟中国的武术掌式有着很大的区别。比如：武术的掌式要求大拇指必须和食指侧位并拢，而戏曲的掌式则要求“向掌心窝去”。女性的掌式却和服饰上的图案相关，俗称“兰花掌”，旨在表现女性的娟秀。

（1）兰花掌（主要是女性）：

① 站成“踏步”式，先将手的五指张开伸直。

② 大拇指和中指的第二关节相互贴紧，再用力使食指、无名指、小指往掌背后翘起。五指有明显发力的感觉。(见图 4-6)

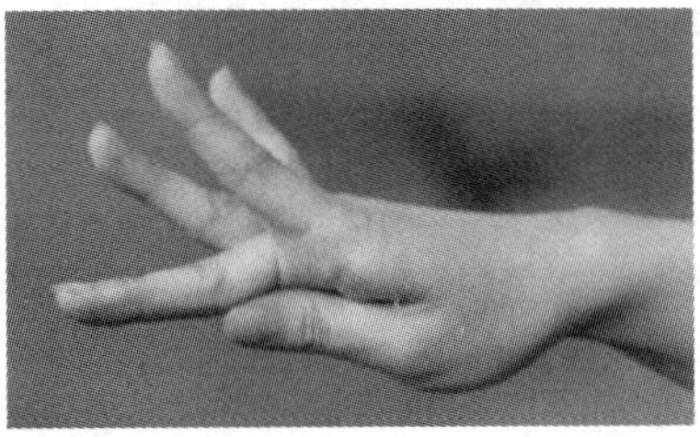

图 4-6

兰花掌旨在表现女性的娟秀。

（2）一般掌式（主要是男性）：

① 站成“丁字步”，先将手的五指张开伸直。

② 大拇指向掌心窝去（亦说“扣”），亮出虎口，四指尽量往后翘。

③ 食指和中指之间、小指和无名指之间稍分开，手指有明显发力的感觉。手腕往里扣。(见图 4-7)

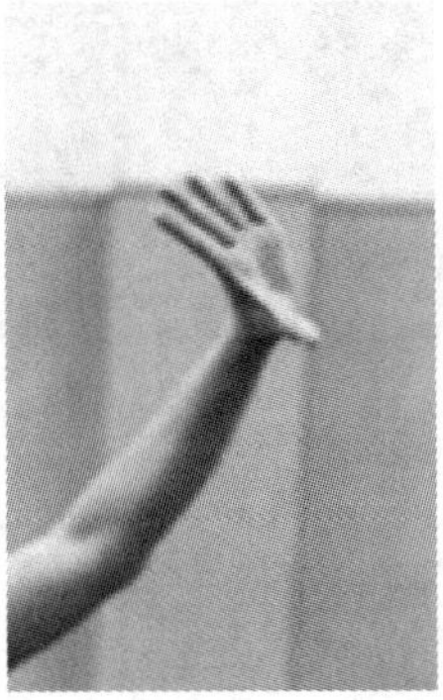

图 4-7

（3）托天掌：

此动作为将掌心朝上的示掌动作。

① 女子站成右“踏步”状，做成旦行所需的掌式；男站成“丁字步”，做成生行的掌位。

② 右手臂从身体右侧往头顶上举，将掌心朝上，扣手腕，掌置于额头顶上侧。左手可做成叉腰状或“提甲状”，身向右侧身而立，立腰，目视前方，提神亮相。（见图4-8）

图 4-8

此动作不仅可以分左、右式练习，还可双手同时动作，常常用于表现人的雄心壮志和气冲霄汉的激愤神情。

（4）平托掌：

此动作要求手掌在身前，掌心朝上平伸摊示。

① 站成右“踏步”式，或站成“丁字步”。

② 右手做叉腰或背手。左手做兰花掌或一般掌式，从腰间或胸前，掌心朝上地向左侧展臂伸平。目视前方，或眼随手走，提神亮相。（见图4-9）

图 4-9

此动作可分左、右式练习，也可双手同时做。平托掌是舞台表演中的常用动作，动作要求自然、和谐。

（5）按压掌：

此动作要求手掌在胸前，将掌心下按。

① 站成右“丁字步”式或左“踏步”状。左手做“提甲”式背手式。

② 右手做所需的掌式，弯肘，将掌心向下，手背向上，置于胸前或腹前。

③ 向右侧身而立，立腰，目视前方，提神亮相。（见图4-10）

图 4-10

在做按掌时，应注意自己的身高。身材偏高者，可将按掌高做，否则应低做，尽量亮出上半身。手臂要圆，切忌僵硬。

（6）端掌：

此动作要求双手掌心向上。

① 站成“丁字步”式或“踏步”式。两手做成所需的掌式。

② 两肘弯曲，掌心朝上，将两掌怀抱，端放于胸前或腰间。收腹，目视前方，提神亮相。

此动作的站法可多样化，可根据具体要求配合身段来进行训练。（见图 4-11）

图 4-11

端掌表现人物自我抒怀，倾诉内心的苦闷和束手无策的神情，另外，还作为表现“无”的特殊手势。要求两臂端圆，切忌耸肩。

（7）顺风旗式：

即两手臂亮相的姿势如旗帜随风铺展状。

① 站成“丁字步”式或“踏步”式。

② 左手做成所需拳式，往身体左侧伸直抬平，呈“山膀”状。

③ 右手做成所需掌式，弯肘，往身体右侧上方抬臂，做成“托天掌”式。

④ 向左侧身而立，挺胸、立腰，提神亮相。（见图 4-12）

图 4-12

此动作可分左、右式练习和表演。顺风旗式在舞台表演中一般用于表现人物展望前景、抒发情怀的情节，是常用的手臂姿势。如在向左、右观望远方时均用顺风旗式，以利于视点集中，引起观众的注意。脚下可根据不同要求，分别选用“弓箭步”“踏步蹲”“马步”等姿态，可灵活运用。要求手臂和眼神的方向一致。

（8）拱手式：

即用手施礼的动作。

① 左手做成所需的拳式，弯肘，将拳置于胸前。与此同时，右手做成所需的掌式，弯肘后，将手指虚按在左手拳上。

② 向左侧身而立，目视前方。根据情节需要，可分别选用“丁字步”“踏步式”“弓步式”“跪步”等站式。(见图 4-13)

图 4-13

拱手式是舞台表演中的常用动作，表现古代人物交往的礼节。有时还用来表示对天朝拜、乞求苍天的意思。切忌做成右拳左掌的拱手姿势。

（9）提甲式：

即用手提起贴在左、右腿旁的甲片的动作。

① 站成“丁字步”式，两只手臂自然垂直。

② 右手做成“托天掌”式，左腿做“金鸡独立”式抬起，左手弯肘上抬，将中指外翘，食指和无名指往掌心弯，三指呈三角状夹住左腿旁的甲片边缘，往上拎起，扣腕。

③ 之后，右手放下，落左腿，抬右腿，做“金鸡独立”式，右手的中指往外翘，食指和无名指往掌心弯，三指呈三角状夹住右腿旁的甲片边缘，往上拎起，扣腕。紧接着放右腿，站成“丁字步”式。

④ 两臂架圆。扣手腕，向左侧身而立，目视前方，挺胸收腹，立腰，提神亮相。(见图 4-14)

图 4-14

此动作可分左、右式亮相。提甲式在舞台表演中，常常用于武将人物出场亮相和站堂列队时，以体现人物的精神气质和风貌，体现将士们精神抖擞、军纪严明。提甲时，切忌露肘、耸肩、露腕。

(10) 背供式：

俗称“打背供”。此动作表示避开对方，当众向观众表明心思。

① 站舞台“小边”，用左手做所需掌式，掌心朝右，弯肘抬起，置于左胸前，挡住对方视线。

② 用右手的手势与观众交流，表白自己的心思，或做自我交代，以表现人物当时的内心情感。(见图 4-15)

图 4-15

此动作可交换站位，或分别用左、右手进行表演。背供式在舞台表演中，是将人物的内心独白向观众交代的特殊方式。它能明确地告诉观众人物的心情和情感。

3. 指式练习

即手指在舞台表演中的各种姿势，用来表示人物的行动意图及内心活动。其姿势均可分为左、右式。男女指式虽有区别，但大同小异，需要灵活掌握运用。

（1）兰花指：

食指用力往后翘，小指伸直后自然地微微弯曲，无名指往掌心弯曲，中指和大拇指弯曲，中指的指尖轻按在拇指的指尖上。（见图 4-16）

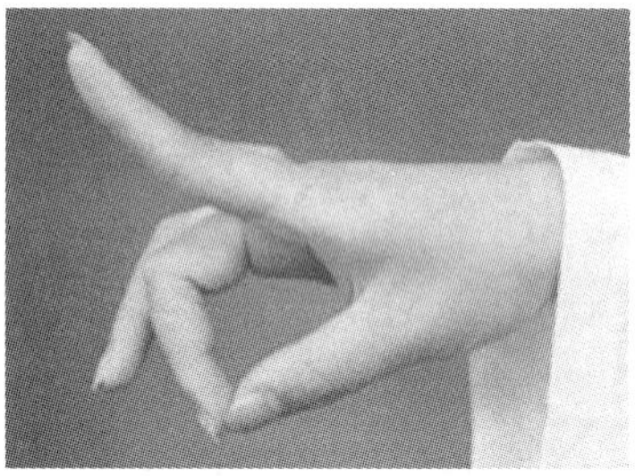

图 4-16

“兰花指”是女性常用的指式，在舞台表演中一般用于表示指示方向、指人或与之相关的目标，表现女性的柔软、秀气。切忌僵硬或手指发紧。

（2）虚指：

先做好“兰花指”式，然后将食指指向无具体对象的方向，眼看前方，稍抬头。（见图 4-17）

图 4-17

虚指为旦行指法之一，常常用于表现人物远眺、盼望及指远，并不指向具体的目标。

（3）实指：

先做成“兰花指”式，然后食指直接指向具体对象和目标，眼随手指，提神亮相。

（见图 4-18）

图 4-18

实指为一般女性传统指法之一，表现人物对某人某事的直接的情感。尤其是在发生冲突时，所指的目标极为明显。实指时，只要所指的方向、目标准确，食指的高度可灵活掌控。

（4）贬义指：

除小指外，其他四指齐向掌心弯曲，小指伸直，大拇指贴在小指的第一关节上，眼看小指或看对方表演。（见图 4-19）

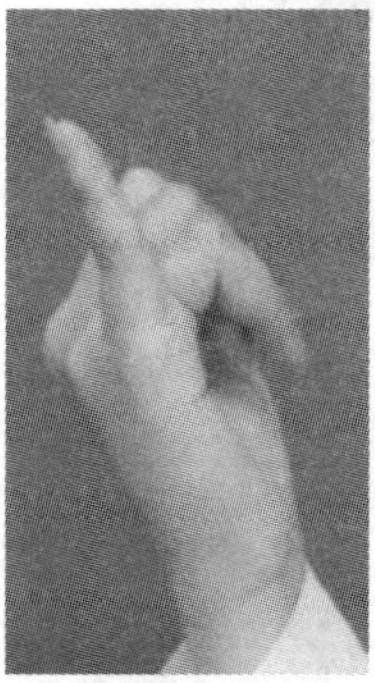

图 4-19

贬义指常用于表现人物对对方的轻蔑，显示自己内心的骄傲得意。表演时要明确地将小指亮出，否则难以表示明确的意思。

（5）迎风指：

① 站成“踏步”式，双手呈“兰花指”式。

② 双手同时在胸前按顺时针方向转一小圈，然后双手的食指同指向左侧，手指稍向上，手肘往下垂，眼看左侧前方，亮相。（见图 4-20）

图 4-20

迎风指是双手指向一边的意思，此动作可分左、右式练习。眼神可根据具体要求来做。在舞台表演中，迎风指可强烈地表现人物对某人、某物的爱或憎的情感。

（6）倒影指：

① 站成左“踏步”式，双手做“兰花指”式。

② 双手同时在胸前按顺时针方向转一圈，然后双手食指向右侧下方齐指，眼随手走，眼看右下方，亮相。此动作可分左、右式练习。（见图 4-21）

图 4-21

倒影指常常用来表现人物看水中倒影或表达向下的意思，双手同指下方，似指水中倒影。

（7）赞美指：

① 先做成男女各自所需的拳式，然后将大拇指伸直。（见图 4-22）

图 4-22

② 女子则是用食指的指尖，按在大拇指的第一关节上，其他三指呈梯状翘起，尽力翘起小指。

在舞台表演中，赞美指常用于人物对人或物表示赞美。根据人物的年龄、性格，大拇指伸直后，和四指的距离可略有不同。如粗犷的人物做赞美指，拇指和四指的距离就大，而对于文弱的人物，此距离则小，需要灵活掌握。女性的赞美指须尽力翘起小指，以表现女性的秀美。

（8）剑诀指：

① 先将手的五指伸直，然后大拇指和无名指、小指弯曲并靠拢贴紧，也可根据具体要求适当地分开。

② 食指和中指尽力伸直后翘，有明显发力的感觉。(见图 4-23)

图 4-23

剑诀指源于武术，可用于表现人物的英俊和受到严格而规范的武科训练。有时为了明确表示方向，也用此“指”，以突出所示的方向与目标，具有很强的表现力。

（二）手位的综合训练

1. 组合一

准备姿态：双手叉腰，脚呈八字步站立，面向前方。

［1］1—4　左脚上一步呈丁字步，端拳。
　　5—8　控制不动。
［2］1—4　右丁字步，端拳。
　　5—8　控制不动。
［3］1—4　右丁字步，比武拳。
　　5—8　控制不动。
［4］1—4　后撤右步变左丁字步，比武拳。
　　5—8　控制不动。
［5］1—4　左丁字步，举拳。
　　5—8　控制不动。
［6］1—4　后撤左步变右丁字步，举拳。
　　5—8　控制不动。

［7］1—4　回到准备姿态。
　　5—8　控制不动。

2. 组合二

准备姿态：双手叉腰，脚呈八字步站立，面向前方。此组合脚步，男生为“丁字步”，女生为“踏步”。

［1］1—4　左丁字步，右托天掌。
　　5—8　右丁字步，左托天掌。
［2］1—4　双手托天掌。
　　5—8　控制不动。
［3］1—4　撤右步，左平托掌。
　　5—8　撤左步，右平托掌。
［4］1—2　向右双手平托掌。
　　3—4　向左双手平托掌。
　　5—8　重复一次。
［5］1—4　左按压掌。
　　5—8　右按压掌。
［6］1—4　双端掌。
　　5—8　重复一次。
［7］1—2　左顺风旗。
　　3—4　控制不动。
　　5—6　右顺风旗。
　　7—8　控制不动。
［8］1—8　左腿跪拱手式。
［9］1—4　面向左提甲式。
　　5—8　面向右提甲式。
［10］1—4　左背供式。
　　5—8　控制不动。
［11］1—4　右背供式。
　　5—8　控制不动。
［12］1—8　回到准备姿态。

3. 组合三

准备姿态：双手自然下垂，脚呈丁字步。

［1］1—4　左踏步，于身体左侧虚指，双手指向正前方。
　　5—8　重复一遍。
［2］1—4　右踏步，于身体右侧虚指，双手指向正前方。
　　5—8　重复一遍。
［3］1—4　右踏步，于身体右侧实指，双手指向左前侧。

5—8　重复一遍。

［4］1—4　左踏步，于身体左侧实指，双手指向右前侧。

5—8　重复一遍。

［5］1—4　左踏步，右手贬义指。

5—8　左踏步，右手赞美指。

［6］1—4　右踏步，左手贬义指。

5—8　右踏步，左手赞美指。

［7］1—4　右踏步，左侧迎风指。

5—8　右脚向左上步，倒影指。

［8］1—4　左踏步，右侧迎风指。

5—8　左脚向右上步，倒影指。

［9］1—8　丁字步，右侧剑诀指。

［10］1—8　丁字步，左侧剑诀指。

［11］1—8　回到准备姿态。

二、手臂与手腕的训练

在传统的戏曲形体中，无论采取什么形式，都遵循由浅入深、由简到繁的循序渐进的原则。这里的手臂运动主要是使手臂及手腕的关节，动作与动作之间的连接，能做到开合灵活，各种运动的线路比较清晰自如。

（一）手臂与手腕的基本动作

1. 划手

（1）手做“兰花掌”式，男子可做“一般掌式”，站成右“踏步”式，或八字步，双手背手或叉腰。

（2）左手从身体左侧（单手掌）提至头顶，逆时针方向画圆至人体中心，手心朝下于胸前下压至手臂自然下垂（里划手）。（见图 4-24）

图 4-24

（3）左手臂自然下垂，左手单手掌，从胃部正前方提至头顶，然后顺时针方向翻手，从旁边下来（外划手）。（见图 4-25）

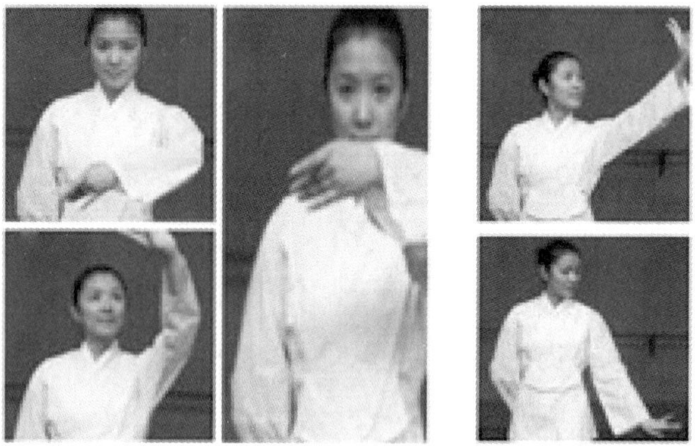

图 4-25

即手臂由里往外（顺时针方向）或由外向里（逆时针方向）做画圆运动。此动作可分为单手、双手交替等多种样式来练习，在双手交替练习时，脚可站成八字形，以求下身的稳定。

教学提示

手臂要圆，眼随手转，要懂得运用气息。

2. 穿手

（1）脚下站成八字形。双手呈“掌式”，两臂自然向两边打开。（见图 4-26）

图 4-26

（2）右手掌心朝下，从右侧提至头顶，做里划手；同时，左手掌心朝上，做外划手，至头顶后翻手下来。（见图 4-27）

图 4-27

即两只手臂打开后的穿掌训练，此动作可分左、右式练习。划手、穿手动作是打开臂膀、活动各个关节的基础性动作，在舞台表演中没有此动作表演，但它是所有手臂动作的起点，非常重要。

教学提示

手臂打圆，眼睛灵活，随着手协调地转动。

3. 云手

（1）站成“踏步”式或“丁字步”。右手呈所需掌式，向身右侧平伸，稍弯肘，掌心向右，眼看右手掌。左手呈所需掌式，弯肘做“端掌式”置于胸前，掌心朝上，身向右方侧立，眼看右手。(见图 4-28)

图 4-28

（2）左、右手掌心相对，如怀抱球似的做相对运动至胸前，眼随左手掌。

（3）左、右手同时运动。左手掌向左方做平托掌，并伸开左手臂，掌心朝上，右手同时向左至左额前时，抬右臂，翻手腕至右额头上方，呈托掌式。眼看左手掌，做成左“顺风旗”式。

（4）两臂顺势往右方运动，右手向右方伸，左手手掌向头顶上抬至左额前，眼看右手掌，做成右“顺风旗”式。

（5）双手齐向右方伸直。双手做按掌，眼随右手，身向右侧。(见图 4-29)

图 4-29

（6）左手速做成拳式，从右侧经胸前至左侧伸，拳心向左下方。与此同时，右手仍做成掌式，相随至左侧呈按掌式，弯肘置于左胸前，眼看左手拳。

（7）左手拳停住不动，右手掌往右侧方向呈半弧形圈慢慢伸直拉开，至右侧按掌，山膀扣手腕，掌心朝下方停住。眼随右掌走，手动眼到。然后向正前方摆头，提神亮相。

以上动作可以反着做，称“反云手”。云手是模拟天空云彩的变化而来的形体动作。手、眼、身要和谐地配合运动，做到圆匀、协调，如同行云流水，既准确又柔和。

4. 大刀手

（1）站成“丁字步”，向左侧身而立，两手做掌式。左手手心向右，虎口向上，四指向前，臂膀向左上方伸直。右手在身后往右下方伸直，手心向左，虎口向下。

（2）身后的右手掌将虎口向上，从身后往上抬，手掌成刀形向正前方砍去。左手同时从上而下，向右腋下滑，至于右腋下。

（3）右手掌顺势从上而下地向左膀外侧砍，左手掌在右肋下往正前方砍，眼随右手掌走。

（4）右手掌从左膀外侧顺势由下往上地砍向正前方。左手掌在右膀腋下顺势再往左下方劈砍，眼随右手走。

（5）以上是半个大刀手的动作，若做成整个大刀手，按以上半个大刀手的方式，左右交换易位来做即可。

将以上动作反复练习，亦称“大刀花手”。大刀手是手臂舞蹈的主要动作。要求手到眼到，眼随手走，身随腰转。身法灵活，手臂既松弛又柔和，切忌僵硬。

5. 转盘手

（1）站成右“踏步”状，双手做成“兰花掌”式。右手背叉腰，左手掌手心朝上，呈托盘状。目视左掌，向左侧身而立。

（2）左手掌往左腰旁弯肘，做成“端掌”式，眼随手走。

（3）左手掌顺势往左身后转。手掌保持托盘状。让手似托着茶盘从左腋下转到左身后，眼看左手掌，身体向前稍倾斜。

（4）左手仍似托盘，在左身后盘旋地慢慢翻手腕，绕转成“8”形，经面前，将盘托在左侧上方。左手呈托盘状，手心朝上，眼随手走，身向右侧斜，目视左手掌，提神亮相。

此动作也称“盘手”，动作如要盘状，可分左、右练习，也可双手同时做。转盘手是旦行手臂舞蹈的主要动作。要求手势清楚，似托盘状地进行表演，动作应柔和，身腰随手转，配合协调，切忌僵硬。

6. 小五花

（1）站成“踏步”式，两手做行当所需的掌式，右手在上，左手在下，弯肘，双手腕叠起来放在胸前，眼看手腕。

（2）以手腕带动手掌转，右手经外向右转，左手经外向左转，两手同时转动成掌心相对。

（3）接着，右手经外向左转，左手经怀里向右转，同时转动成双手交叉在胸前叠起。

（4）然后右手往右，左手往左，顺势转动成手背对手背的状态，手指朝下。

（5）右手向左，左手向右，同时顺势转动，恢复至起始状态。

此动作亦名“小云手”，可反复练习。要求双手动作连贯、圆柔、灵活，始终保持眼随手转、手腕带手掌转。

7. 风火轮

（1）站成大八字步，双手呈“兰花掌”式，右臂向右上方伸直抬平，左臂弯曲置于胸前，双手做成“按压掌”式。(见图 4-30)

图 4-30

（2）右臂从右经下向左侧上方甩臂撩起，掌心向上；左臂从胸前伸直后，甩臂，从左上方经头上至右下方。眼看右手，上身向左拧身转的同时，左腿变成左“弓箭

步”。（见图 4-31）

图 4-31

（3）右臂甩臂，从左侧经面前，抬头，向右甩，左臂从右侧经下方向左侧甩臂，左“弓箭步”又恢复到原“八字步”。抬头，稍塌腰，上身后仰。

（4）顺势甩臂，左手从左经上方甩至右侧，右手从右经身后甩至左侧，身体随左手向右转体半周朝右侧，两腿站成右“弓箭步”式。

（5）顺势甩臂，身向左转，左臂自右经下方往左侧甩，并伸直；右臂自左经头上至右下方；两腿由“右弓箭步”变成“左弓箭步”。

因动作姿势似风火轮转动而得名。此动作可反向做，要求两臂抡直甩开，用手臂带动身体转和脚步变动。动作连贯，一气呵成。上身和下身要协调，切忌断断续续、缩手缩脚。

（二）手臂与手腕综合训练组合

1. 组合一

准备动作：脚呈八字站立，双手打开。

［1］1—2　右手单手里划手。

3—4　左手单手里划手。

5—8　重复一遍。

［2］1—4　双手里划手。

5—8　重复两遍。

［3］1—4　右手单手外划手。

5—8　左手单手外划手。

［4］1—8　重复两遍。

［5］1—8　右手穿手。

［6］1—8　左手穿手。

［7］1—8　右手穿手，重复两遍。

［8］1—8　左手穿手，重复两遍。

2. 组合二

准备动作：脚呈八字站立，双手打开。

［1］1—8　右面一个风火轮。

［2］1—8　重复两遍。

［3］1—8　左面一个风火轮。

［4］1—8　重复两遍。

［5］1—4　右面一个大刀花。

5—8　重复一遍。

［6］1—4　左面一个大刀花。

5—8　重复一遍。

［7］1—8　回到准备动作。

3. 组合三

准备动作：脚呈八字步站立，双手自然下垂。

［1］1—8　右踏步或丁字步，正云手。

［2］1—8　控制不动。

［3］1—8　左踏步或丁字步，反云手。

［4］1—8　控制不动。

［5］1—8　重复一遍正云手。

［6］1—8　重复一遍反云手。

［7］1—4　八字步，正小五花。

5—8　重复一遍。

［8］1—4　反小五花。

5—8　重复一遍。

［9］1—8　重复正小五花四遍。

［10］1—8　重复反小五花四遍。

［11］1—4　左踏步，右手单手转盘。

5—8　重复一遍。

［12］1—8　重复四遍。

［13］1—4　右踏步，左手单手转盘。

5—8　重复一遍。

［14］1—8　重复四遍。

［15］1—8　双手转盘两遍。

［16］1—8　双手转盘四遍。

［17］1—8　回到准备姿态。

第二节　脚的基本姿态及动作

脚下的功夫在形体训练中的作用是相当重要的。一个演员一出场，便可知其脚下的功夫如何，如果脚下无力，没有功夫，那么他的形也不会好到哪里去，我们通过脚下的训练，要做到：（1）脚下要成形；（2）脚下要生根；（3）脚下要轻捷。

一、站立的姿态

（一）基本站姿

1. 八字步

身体直立，挺胸，立腰。两脚脚跟靠拢，脚尖向左右两侧分开约 30 厘米，呈八字状。上身可根据年龄、性格等选择适当的姿态。

八字步因脚步站立时呈八字状而得名，是文弱书生或老者以及身穿蟒、袍、褶、披等服装的武官站立时常用的姿态。表现人物情绪稳定和讲究礼仪。

2. 大八字步

（1）身体直立，两脚分开，站成跟自己的肩一样宽的距离。

（2）两脚脚跟再往内扣，站成大八字状。身体稍向左或右侧，两膝稍蹲，眼平视，含胸。

大八字步是指在站立时，将两脚脚跟的距离拉开的站立姿势，适用于表演老者，年迈体弱、身染重病的人物，表现其老态龙钟、年老体衰、气力欠佳的神情。

3. 丁字步

两脚站立时呈丁字状，身体直立，左脚脚跟紧靠右脚脚窝。两腿绷直，身向左脚脚尖方向挺胸，侧身。两手松弛自然地放于身体两侧。可分左、右式站立。

常用丁字步站立，可表现人物精神振作、精力充沛和受过严格的武科训练。

4. 弓箭式

（1）先站成八字步式。右腿向身体右侧上一大步，屈膝，让大腿与地面平行，称“右腿弓”。左腿绷直，脚掌满脚落地，称“左腿绷”。上身挺直，挺胸，立腰。

（2）两手可根据具体需求和人物的性格、年龄等，选择合适的姿势和动作，提神亮相。（见图 4-32）

图 4-32

适用于拉弓射箭而得名，此动作可左、右练习，常以弓箭步的规范程度，区别人物的武艺水平。年老者，弓箭步偏高；性格粗野者偏低；无一定功底者腿绷不直。弓步时，切忌撅臀、窝胸、仰头。

5. 马步

（1）站成“大八字步”。根据自己的身高与人物的要求，酌情拉开大八字步的距离。

（2）两腿曲膝下蹲。大腿呈斜坡状，小腿垂直，挺胸，立腰。（见图 4-33）

图 4-33

亦名“骑马式”，两手可根据具体需求，选择适当的姿势亮相。此动作在舞台表演中常用于表现骑马的情节，又可作为舞枪舞刀的特殊姿势，以表现人物的稳健、端庄。做此动作，切忌坐腰、撅臀和大腿呈水平状。

6. 踏步

（1）先站成八字步，将右脚勾起，往左脚的左后方撤一步，右脚掌点地，右膝稍蹲。身体重心落在左脚上。左脚绷直站立，收腹立腰。

（2）上身可根据不同要求选择适当的姿势。我们可以在轻轻吸气的同时，兰花掌自然提起，做一个双手向外大盘花后叉腰的动作，同时一只脚往后，脚尖踮起。（见图 4-34）

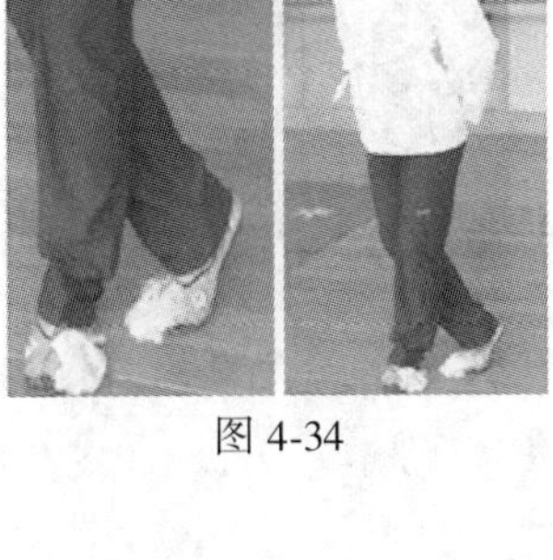

图 4-34

此动作可分左、右式站立练习。左脚在后面则可名“左踏步”，右脚在后面则名“右踏步”。踏步在舞台表演中，用于表现古代妇女站立的姿态，是旦行角色主要的站立姿势。

7. 踏步蹲（也称盘卧式）

（1）先做“踏步”式站立的动作。

（2）两腿屈膝下蹲，蹲到臀部将要坐上后蹲踏步的小腿为止，蹲在身后的右小腿不能触地。两腿同时稳住身体重心。上身挺胸，立腰，向左（右）侧身。两手可根据性格、年龄选择合适的姿态亮相。(见图 4-35)

图 4-35

此动作可分左、右侧进行训练，在训练时要强调上身的稳定性。下蹲和坐盘时，要保持姿态，切忌晃动。此动作常常用于表现人物的机智与灵巧，常用于“走边”中表现隐蔽、藏匿、侦察的情节。要求动作迅速，切忌撅臀、低头。

8. 大掖步

（1）身体直立，然后右腿曲膝下蹲，满脚落地。

（2）左腿稍屈膝，向身后的右侧掖放。让左脚脚尖与右脚脚跟在一条直线上，两腿的大腿部位相互夹紧。

（3）朝右方侧身。两手可做“顺风旗式”，或选择其他适当的姿势亮相。(见图 4-36)

图 4-36

此动作可分左、右练习。大掖步多用在舞剑、舞枪或武打后的收式亮相中，用以表现尚武的侠士、武将及巾帼女英雄的身姿优美，身形灵活。切忌后腿的脚掌点地，否则同于踏步式或踏步蹲式。

（二）基本站姿组合

1. 组合一

准备动作：脚呈丁字步站立，双手叉腰。

［1］1—4　右腿向右前侧上步，左顺风旗，前弓箭步。
　　5—8　变后弓箭步，右顺风旗。
［2］1—8　重复一遍。
［3］1—4　左腿向左前侧上步，右顺风旗，前弓箭步。
　　5—8　变后弓箭步，左顺风旗。
［4］1—8　重复一遍。
［5］1—4　端拳，马步。
　　5—8　控制不动。
［6］1—8　重复一遍。
［7］1—8　脚呈丁字步，双手叉腰。
［8］1—8　脚呈八字步，双手自然下垂。

2. 组合二

准备动作：脚呈小八字站立，双手自然下垂。

［1］1—8　双手向外盘花后叉腰，左踏步。
［2］1—8　慢慢下蹲。
［3］1—8　慢慢盘坐。
［4］1—8　慢慢站起。
［5］1—8　双手向外盘花后叉腰，右踏步。
［6］1—8　慢慢下蹲。
［7］1—8　慢慢盘坐。
［8］1—8　慢慢站起。
［9］1—4　左腿向左前侧上大掖步，右顺风旗。
　　5—8　右腿后撤，重复一遍。
［10］1—4　右腿向右前侧上大掖步，左顺风旗。
　　5—8　左腿后撤，重复一遍。
［11］1—8　上左腿，站立呈丁字步，双手叉腰。
［12］1—8　脚呈小八字，双手自然下垂。

二、步伐训练

（一）基本步伐

1. 女子慢步（青衣步）

（1）表演时穿女帔长袖，站右“踏步”式。双手水袖挂在手腕上，左手弯肘置于右胸前，右手弯肘置于身右侧右腹前。含胸，梗头，目视前方。

（2）起步，先抬右脚，勾脚面向前迈步，快落地时，将脚尖向右外侧方稍撇成八字，脚跟先、脚掌后地往下压，稳步两脚交替上前。

（3）右脚脚跟先、脚掌后地往下压，满脚着地并站稳。

（4）按以上方式迈左步。两脚先后慢慢地上步前进，至所需的时间与位置而止。（见图 4-37）

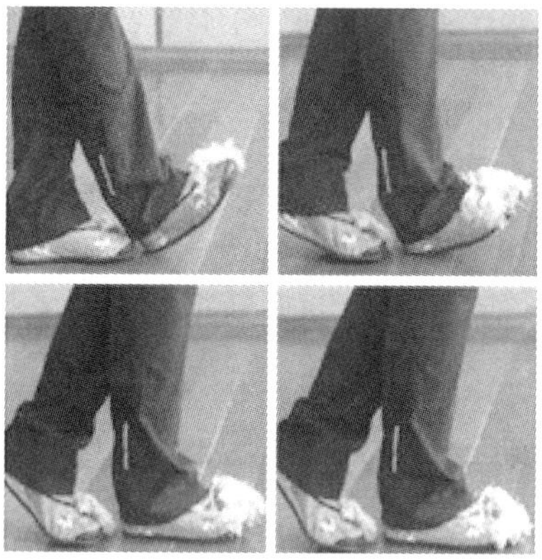

图 4-37

在传统舞台表演中，慢步是所有女性舞台行走中最基础的步法，是慢步行走的规范步伐，展现其轻柔、秀丽、典雅、端庄的特点。

教学提示

行走自然大方，上身不可乱晃。各个关节不可僵硬，要松弛，但脚尖在换步中要有控制，保持上身平，不可摇动。前进换步时注意气息的运用，使上身保持柔软协调，保持平衡，不可牵动上身。

2. 男子慢步

（1）站成“八字步”，两臂端成小弧圈，双手松握成所需的拳式。

（2）起步时，两手松握拳，手臂微圆扣腕，左腿先稍弯曲膝关节，脚掌点地，脚跟踮起。

（3）左脚脚跟往左前方蹬，撇八字脚，亮出靴底，左腿绷直。同时右臂稍弯肘，往腹前抬起，左臂往身后晃，眼平视。

（4）左脚以先脚跟、后脚掌的方式落地。右脚随即跟上一步，站成右“丁字步”。接着迈右腿，以同样的方式重复以上左腿迈步的动作。左先右后地迈步前进即是。

慢步指各种人物在传统表演中慢步行走的台步，此步法根据年龄和性格，上步时可分别选用不同的跨度和蹬脚跟的力度、亮靴底的高度。一般规律是：年龄偏大者跨度自然适中，高度偏低，力度小；年轻人则跨度比前者大，高度适中，力度适中；而尚武之人则跨度偏大，高度稍高，力度稍大。可根据具体人物酌情而定。

教学提示

腰部直立，切忌端肩、扣胸，保持自然和谐。

3. 女子快步

（1）双手用手背先做叉腰姿势，站成右“踏步”式。腰直立，微笑，目视前方。

（2）起步，先抬右脚，勾脚，向前迈步，双手自然下垂，呈“拳式”，但握手时手指放松，两只手臂同时从左向右轻轻摆动，上身随移动的脚步自然扭动。

（3）当右脚以脚跟先、脚掌后的方式满脚落地站稳后，左脚以同样的方式抬脚，勾脚上步，让两脚不停地向前连续行走，走到要求停下为止。

此步伐又称“旦行中步”，在舞台表演中着重表现天真活泼的青春少女的情态，展现其步子轻快、敏捷、灵活。行走时，上身应随步子自然晃动，身腰配合协调。

教学提示

走动时头顺势微动，腰部保持灵活，手臂放松下垂，手腕微翘，自然摆动。要有轻快、活泼的感觉，但切忌做作。

4. 男子快步

其基本动作同于慢步，但步速比慢步要快。当前脚落地后，后脚随即上步，同前脚一样继续抬腿迈步前进。两手随上步前后晃动。手臂端圆，目视前方。

即连续迈步前进的动作，保持上身平稳，切忌晃动。

5. 趋步

（1）站成左“丁字步”式。然后，左脚向前上半步，呈正前方的远“丁字步”。

（2）右脚随即赶左脚，催动左脚向前上步，似列队起步走时，随口令纠正走错的脚步。随后右腿上半步，右脚靠近左脚脚跟，仍站成左“丁字步”，或者根据需要站成其他的步子。

（3）两手可以根据所需选择适当的姿势或动作。可正步趋步，也可做成侧身趋步。（见图 4-38）

图 4-38

趋步亦名“错步”，在舞台表演中，常常作为跑快圆场后要紧急刹住时所采取的应急动作。可表现人物匆忙赶路的情态，还可显示人物的敏捷。在走技巧时，还可以作为助跑起法儿的动力，以提高技巧表演的质量。

教学提示

趋步时切忌用力过猛和跺台板，使上身乱晃而失去平衡。

6. 圆场步

（1）站成右“踏步”式，左手叉腰，右手做“单山膀”式，目视前方，收腹立腰，提神亮相。（见图 4-39）

图 4-39

（2）手臂呈山膀式。两只脚并拢，出脚，脚跟先着地，再下脚掌，两脚交替前进，即两脚以压脚掌、用膝关节带动小腿的方式交替上步。

亦名跑圆场，在舞台表演中主要用于人物急速前进的情节，显示人物步履轻快、健步如飞。急促而小步的圆场，还可以表现人物心急似箭的情态。

教学提示

切忌端肩、扣胸、撅臀。切勿跳跃前进，要做到“靠旗不动、上身平稳”。

（二）基本步伐组合

人员分成两个小组，分立于场地两侧。

[1] 1—8　于两侧做准备。

[2] 1—8　两组人员分别从两侧慢步走出，两拍一步。

[3] 1—8　两组人员分别慢步走到台中，两拍一步。

[4] 1—8　转身面向观众，往前继续慢步走，两拍一步。

[5] 1—8　两组人员分别转身往两侧慢步，两拍一步。

[6] 1—8　两组人员分别从后区两侧，面向 1 点与 8 点斜线走快步，一拍一步。

[7] 1—8　走快步的过程中，两组人员分别在中心点交叉走过，一拍一步。

[8] 1—8　走到两侧的人员再同时往台中快步走，一拍一步。

[9] 1—8　到台中后，分别站好位置，面向观众，脚呈丁字步。

[10] 1—8　连续左趋步两个，右趋步两个。

[11] 1—8　重复一遍。

[12] 1—8　两组人员分别从左、右带动圆场步。

[13] 1—8　分别绕八字。

[14] 1—8　继续绕八字。

[15] 1—8　继续绕八字。

[16] 1—8　分别从两侧上场。

第三节　眼部的训练

“眼睛是心灵的窗户”，最能打动观众的心。准确凝练的眼神可以有力地增强演员对角色的信念，推动角色情感的发展，加强动作的表现力和感染力，在表演中起领神和拢神的作用。反之，涣散无力的眼神，会使表演散而无魂，如泥塑木雕，没有生气。眼睛的表演不但与内心体验有关，而且有赖于特定的表演技能。

一、功能性眼部训练

（一）基本训练方法

1. 活眼

活眼是指眼睛的灵活性，即眼睛能够灵活转动，随心所欲。舞台上的一切喜、怒、哀、乐、痴、嗔、怨、狠、惊、慌、羞、娇、媚、气急、啼、笑、惧、悲、盼等的表情，都是以眼睛的灵活程度为表现基础的。(见图 4-40)

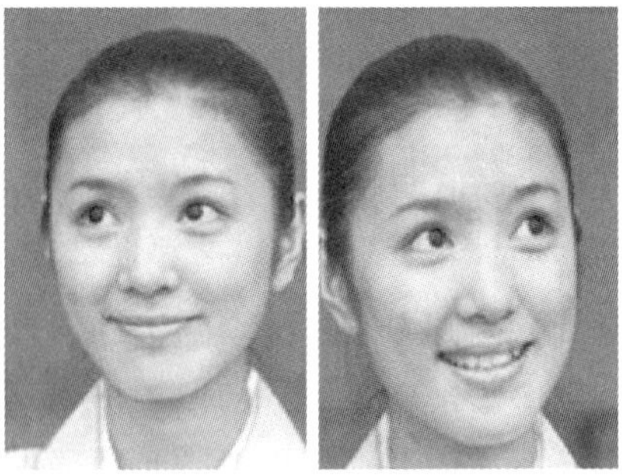

图 4-40

训练方法：(1) 眼睑不动，眼球自上而下运动，八拍一次。(2) 眼球由下向上运动，八拍一次。(3) 眼球由左向右运转，八拍一次。(4) 眼球由右向左运转，八拍一次。(5) 眼球向左上绕半圈转动，再向左下绕半圈回到原来的位置，连续转动四圈，然后朝相反方向按上述步骤进行。

教学提示

眼珠的运转要平稳、均衡，速度先慢，逐步加快。采用这样的训练方法，必须持之以恒，保持耐心，方能出效果。可谓“功到自然成”。

2. 定眼

定眼即将眼神凝聚。演员在舞台上如果用此眼神表现人物的痴呆、遐想、怒视、聚精会神等，那就必须把眼球凝固在一个点上。(见图 4-41)

图 4-41

训练方法：双眼全神贯注于一个点上。许多前辈提倡看远处树上的鸟，注意提气领神，眼珠不动，达到注目凝思的效果。一定要找到注意点，眼珠及上下眼睑均用力，咬住不放。

教学提示

练习时眼睑千万不能眨，要熬住，熬不住时宁可先停下。刚开始练习时，眼睛会酸痛流泪，但一定要坚持。开始可时间短些，以后慢慢地加长时间，最后能达到一分钟为止。

3. 散眼

散眼即散光的眼睛。表现人物萎靡不振、万念俱灰，极度疲倦或有严重病态时，眼神需要散光，达到黯淡无神的效果。（见图 4-42）

图 4-42

训练方法：头正气沉，目光微向下，眼球固定在一个方位上，上下眼睑松弛，停顿十秒钟后，眼珠向左右两侧轻移（极慢的速度，越慢越好，但需有节奏）。上下眼睑仍不动。初步训练时可以用手帮忙按住眼睑，让眼珠慢慢移动。目的是使眼神呈灰暗、呆滞状。

4. 睁眼

睁眼也称瞪眼。舞台上需要表达强烈情感时，如震惊、愤怒、惊慌等，这种眼神是必不可少的。眼珠一定要有力，有亮度。（见图 4-43）

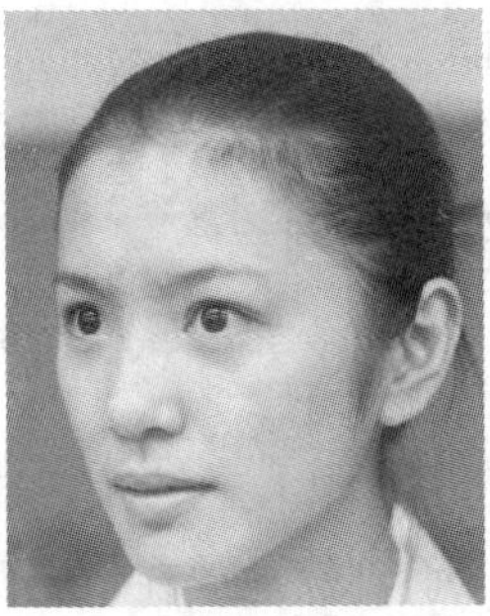

图 4-43

训练方法：眼珠睁圆，用力，紧靠后，使劲地往内缩，切不可前倾，瞪眼提神，气从鼻出，上下眼睑控制抬平，用力上下翻动（有节制，能不时露出白眼珠），眉心往下压，头额双角往上拎，又不可出现皱纹。

5. 松眼

松眼在舞台上用于表现极度疲劳或昏迷的状态，以及不同程度的醉态。(见图 4-44)

图 4-44

训练方法：眼珠、眼睑全部松弛，配合全身各个部位的放松。眼珠往前或往后微伸，向上或向下。上眼睑往上压，下眼睑往上推。训练过程中不时地寻找感觉。

6. 眼肌和眼球的能力训练

训练方法：（1）舒眉展眼；摆眼球（横摆、竖摆、慢摆、快摆）。（2）转眼球（正转、反转、慢转、快转）。(3）眼睑练习（训练眼睑的力量及眼睛快速找到视觉焦点的能力）。(4）放光与缩光（慢放慢缩、快放快缩、慢放快缩、快放慢缩）。

(二）功能性眼部训练组合

1. 组合一

准备姿态：双腿盘坐于地面，手自然地放在双腿两侧。

[1] 1—8　双眼下垂不动。

[2] 1—8　上下运动四次。

[3] 1—8　由左向右运动四次。

[4] 1—8　由右向左运动四次。

[5] 1—8　由左向上往右绕圈，转动两圈。

[6] 1—8　再转动两圈。

[7] 1—8　由反方向绕圈，转动两圈。

[8] 1—8　再转动两圈。

[9] 1—8　再转动两圈后把双眼垂下。

2. 组合二

准备姿态：双腿盘坐于地面，手自然地放在双腿两侧。

[1] 1—8　双眼下垂不动。

[2] 1—4　头向左侧，定眼。

5—8　头向右侧，定眼。
［3］1—8　面向正中，散眼。
［4］1—8　睁眼。
［5］1—8　松眼。
［6］1—8　再次睁眼。
［7］1—8　再次松眼。
［8］1—8　双眼下垂，闭上。

3. 组合三

准备姿态：双腿盘坐于地面，手自然地放在双腿两侧。
［1］1—8　双眼下垂不动。
［2］1—8　横摆眼球四次。
［3］1—8　竖摆眼球四次。
［4］1—8　快横摆八次。
［5］1—8　快竖摆八次。
［6］1—8　慢横摆两次。
［7］1—8　慢竖摆两次。
［8］1—8　把双眼下垂，闭上。

4. 组合四

准备姿态：双腿盘坐于地面，手自然地放在双腿两侧。
［1］1—8　双眼下垂不动。
［2］1—8　正转眼球四次。
［3］1—8　反转眼球四次。
［4］1—8　正转眼球两次。
［5］1—8　反转眼球两次。
［6］1—8　正转眼球八次。
［7］1—8　反转眼球八次。
［8］1—8　双眼下垂，闭上。

5. 组合五

准备姿态：双腿盘坐于地面，手自然地放在双腿两侧。
［1］1—8　双眼下垂不动。
［2］1—4　放光一次。
5—8　收光一次。
［3］1—4　快速放光一次。
5—8　快速收光一次。
［4］1—4　慢速放光一次。
5—8　快速收光一次。
［5］1—4　快速放光一次。

5—8　慢速收光一次。

［6］1—8　双眼下垂，闭上。

三、表演性眼神训练

（一）基本训练方法

1. 提神眼

收腹、提气、立腰，眉毛和眼角尽量往上抬，张开眼睑，全神贯注地注视一个目标。提神是运用眼神的基本动作，是引起观众注意的主要方法。(见图 4-45)

图 4-45

2. 欢笑眼

双眉上抬，嘴角咧开，脸露笑容，两眼睁大，配合手势表现人物内心的喜悦及欢笑的神态。在表现年轻女子的欢笑时，尤其能体现其天真活泼的神态。(见图 4-46)

图 4-46

3. 含羞眼

先与对方对一下眼神，感到羞涩时，头往左或右侧稍歪，轻抿嘴唇，下巴颏下含，可用水袖或手中折扇挡住嘴唇，目不正视对方。表演出人物文静、典雅、脉脉含情的神态。(见图 4-47)

图 4-47

4. 惊喜眼

表演时，双眉急蹙，嘴唇张开，扬头，眉往上抬，亮出眼珠，与此同时，要紧吸一口气，露出喜悦与惊异的神态。一般用于表现诸如突然遇到久别的亲友或突然得知出乎意料的喜讯等情景，体现又惊又喜的精神状态。（见图 4-48）

图 4-48

5. 喜爱眼

脸带笑容，稍眯着眼，含情脉脉，目视所爱之人或之物。在舞台表演中，用以表现人物对人、对物从内心产生爱慕之情的神态。表现两人含笑相视的眼神时多用喜爱眼，刻画少男少女的纯情慕恋。在表现对物的喜爱时，表现得更为明朗。（见图 4-49）

图 4-49

6. 细看眼

目视人或物，出神紧盯，含下巴颏，头部可左右小幅度晃，即左看右看。细看眼在舞台表演中，表现剧中人对人或物高度注意或很感兴趣的神态。(见图 4-50)

图 4-50

7. 猛观眼

头部猛向目标摆去，瞪眼、凝神，睁开眼睑，双眉上抬，稍拧紧眉头，盯住目标，表现出对人对事物高度的警觉，刻画人物的精灵和敏锐。(见图 4-51)

图 4-51

8. 怕眼

表演时，梗头，缩脖，上身往后靠，眼睑先睁后缩，头慢慢低下。怕眼是人物受到惊吓后的神态，多用来表现人物内心惶恐不知所措的神情。(见图 4-52)

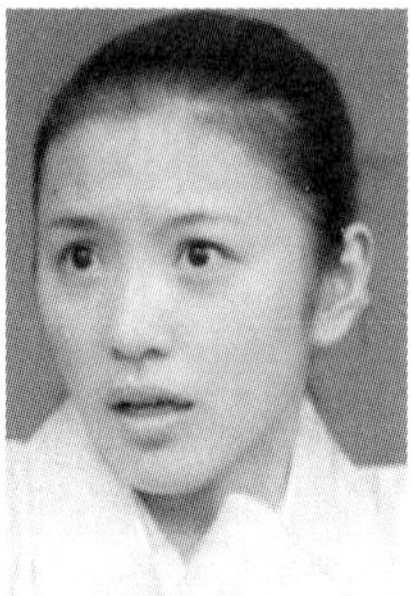

图 4-52

9. 醉眼

全身放松。眯缝着眼睛，眼皮下搭，眼神迷离恍惚。醉眼在表演中常表现人酒后精神失常的神态。(见图 4-53)

图 4-53

10. 痴呆眼

两眼直视，目中无物，面部无任何表情，全身放松，两手下垂，嘴唇微张。主要用于表现人精神痴呆，失去思维能力的状态。(见图 4-54)

图 4-54

11. 藐视眼

梗头硬脖，抿嘴唇，挺胸，立腰。头稍偏，稍眯眼，看对方的下侧，显示把对方看“低”的意思。表现出人自视甚高或对某人、某事物的轻慢、藐视。(见图 4-55)

图 4-55

12. 怒眼

梗头、硬脖，挺胸、立腰，眼睑尽力睁开，拧眉头，定住眼神，直视对方。表现出人盛怒的神态。

13. 傲眼

挺胸昂头，翘下巴颏，眼珠往左或右侧上方翻，咧嘴，抬眉。表现人物趾高气扬、不可一世的骄傲神态。(见图 4-56)

图 4-56

14. 冷眼

头稍偏，抿嘴唇，斜眼横视身旁的人物，梗头歪脖。表现人对人或事内心憎恶、厌烦的神态。所谓“横眉冷对”即指这种眼神。(见图 4-57)

图 4-57

(二) 表演性眼神训练组合

1. 组合一

准备姿态：双脚站成丁字步或小八字步。

[1] 1—4　双手背手。

　　5—8　提神眼。

[2] 1—4　双手叉腰。

　　5—8　欢笑眼。

［3］1—4　双手托腮。
　　5—8　低头，含羞眼。
［4］1—8　双手打开，惊喜眼。
［5］1—8　双手托腮，喜爱眼。
［6］1—8　上一步按掌，细看眼。
［7］1—8　后退一步背手，猛观眼。
［8］1—8　回到准备姿态。

2. 组合二

准备姿态：双脚站成丁字步或小八字步。

［1］1—8　后退一步，怕眼。
［2］1—8　醉步，醉眼。
［3］1—8　小八字步，痴呆眼。
［4］1—8　丁字步，藐视眼。
［5］1—8　上一步，怒眼。
［6］1—8　右转身，傲眼。
［7］1—8　左转身，傲眼。
［8］1—8　右上一步，冷眼。
［9］1—8　回到准备姿态。

教学提示

眼睛表演训练，实际上是以眼睛为核心的面部、头部表演训练。要注重“眼灵精用力，面状心中生”，避免面部表情僵化。表演技能训练，要始终同内部技术训练相结合，使学生理解内心情感同外部动作的统一关系，掌握“情动于中而形于外”的技术方法和规律。

正确地掌握以上几项眼神基本功，绝非轻而易举。要注意掌握训练的科学性，以及眼珠与眼睛周围各部位的关系，不能操之过急，要坚持长期科学的训练。

第五章

中国民族民间舞训练

中国是个幅员辽阔、人口众多、历史悠久的文化古国。不同的民族，因生活环境、生产方式和宗教文化等方面的差异，而拥有着从韵律到风格各显异彩、斑斓夺目的民族民间舞蹈。

本章通过学习汉族、蒙古族、维吾尔族民间舞的动律动态，提高训练者准确掌握肢体动作的能力，使之在表演中能够自如地运用肢体语言，把握风格韵味，提升表现力。

第一节　东北秧歌训练

东北秧歌是汉族民间舞中最具有北方特色的秧歌，由于黑土地所滋养出的泼辣火热、质朴浓烈的情感特征，从而形成了“稳中带浪，艮俏相融”的审美特征。本节目标是让训练者准确掌握东北秧歌的风格特点和动律特点，从而提高其学习中国民族民间舞蹈的兴趣。

一、体态、动律训练

（一）基本体态

正步位，重心前倾；双膝略存，提跨，拔腰；含胸，垂肩；双眼平视。双叉腰，即双手手背分别插于腰际，双肘略向前，指尖对后斜下方。

（二）基本动律

为上下动律。正步位，双叉腰。腰部为轴，一侧腰下压，另一侧腰上提，交替进行，呈下弧线运动，重心在下。(见图 5-1)

图 5-1

（三）压脚跟

正步位准备，双叉腰。脚跟快起快落，落要沉重，重拍在下，强调稳、艮。

（四）小燕展翅

直臂，翘腕，双臂于体侧斜下45度（小）张开，或双臂于体旁90度（大）张开。（见图5-2）

图5-2

（五）双推山

右手比左手稍高，于胸前曲臂，双肘下压，立腕，指尖相靠，手掌前推。（见图5-3）

图5-3

（六）里绕花

里绕花要以指带腕、翘指，在体前形成“立”圆。绕花在后半拍起法儿，前半拍完成。

（七）跳踢步

双脚呈小八字步，半脚掌立起，单腿向正后方绷脚踢起，两只小腿交替进行。

二、训练组合

（一）体态动律组合

准备姿态：正步，垂手。

准备拍：1—4　不动。

5—6　于身体斜下方摊手。

7—8　双手向里绕腕，经体前划半弧线，回叉腰。

［1］1—8　压脚跟四次。

［2］1—8　上下动律四次。

［3］1—8　压脚跟四次。

［4］1—8　上下动律，压脚跟四次。

［5］1—2　左脚于正前方上步，呈小八字步并立，手位至小燕展翅位。

3—8　原地保持姿态。

［6］1—8　上下动律，压脚跟四次。

［7］1—2　左脚于正后撤步，移动重心，脚呈小八字步，双推山。

3—8　原地保持姿态。

［8］1—8　上下动律，压脚跟四次。

［9］1—8　向左斜前方，流动圆场步。

［10］1—8　右后踏步，双推山。

［11］1—8　横向右，流动圆场步。

［12］1—8　左后踏步，小燕展翅。

［13］1—8　上下动律、小燕展翅、压脚跟，四次。

［14］1—8　上下动律、小燕展翅、压脚跟，四次。

［15］1—8　左脚后踏步，右手于胸前平摊打开。

［16］1—8　左脚撤回小八字步，右手于胸前平摊打开，结束。

9—10　脚呈小八字步，双手于斜上方亮相，结束。

（二）绕花组合

准备姿势：体对 1 点。

准备拍：1—4 不动。

［1］1—4　正步压脚跟，右手单臂花，两慢三快。

5—8　正步压脚跟，左手单臂花，两慢三快。

［2］1—4　体对 8 点，正步压脚跟，双臂花，两慢三快。

5—8　体对 2 点，做前四拍反面动作。

［3］1—8　体对 1 方向，双腿从半蹲到直立，双臂由交替花至大交替花。

［4］1—4　左脚旁迈成大八字步，压脚跟，大交替花四次，体对 8 点。

5—8　大交替双花四次。

［5］1—4　左脚起别步，单缠花四次。

5—8　左脚起大八字步，前行三步，手做肩前花。

［6］1—2　并右脚成正步，向右小燕展翅一次。

3—4　左、右小燕展翅各一次。

5—8　正步屈膝，左起双臂花四次。

［7］1—4　左脚旁迈成大八字步，压脚跟，大交替花四次。

5—8　左脚起别步，双捅花四次。

［8］1—6　拉腿蹭步，双肩花，两慢三快接两慢。

7—8　右脚落左前，两腿交叉，左转身体对1点。

(三) 步伐组合

准备姿态：分两组。第一组在场上，体对1点；第二组在后场。

准备拍：1—4不动。

［1］1—8　第一组双叉腰，跳踢步八步前行，同时第二组上场。

［2］1—8　第一组转向3点，从舞台右侧下场，同时第二组上场重复［1］1—8的动作。第一组再从舞台右侧上场。

［3］1—8　第二组转向7点，从舞台左侧下场，同时第一组前行。第二组再从舞台左后上场。

［4］1—8　第一组转向3点，从舞台右侧下场，第二组重复第一组的［3］1—8的动作。

［5］1—8　第二组转向7点，从舞台左侧下场。

［6］1—8　两组同时左起跳踢步，第一组向右小燕展翅，第二组向左小燕展翅，从舞台两侧上场。

［7］1—4　全体体对2点，左起别步，跳踢步，肩上花四次。

5—8　体对8点，左起别步，跳踢步，肩上花四次。

［8］1—4　体对1点，左起跳踢步，下捅花四次。

5—8　左起大跳踢步，上捅花四次。

［9］1—8　重复两遍［8］5—8的动作。

［10］1—4　左转，身体对5点，跳踢步，交替花四次。

5—8　左转，身体对2点，左起别步，跳踢步，肩上花四次。

教学提示

(1) 东北秧歌是以下肢带“艮劲儿”的步法带动腰部扭动，随即顺延至上肢及手腕，由下至上的协调是体现“艮俏”劲儿的关键。而“扭”是东北秧歌韵律的核心，即所谓“踩在板上，扭在腰眼上”，是由下肢带动重心移动而产生的腰部动态。手臂动作是“扭”的延伸与配合。在动律训练中，强调腰部的轴心作用和扭动状态，以此奠定韵律基础。

(2) 体态动律与舞姿组合强调“扭”；脚跟下的“艮”（即点）带动腰部的“扭”（即线）。压脚跟强调艮；动律强调扭。

(3) 绕花组合主要表现东北地区逢年过节时挂彩灯的地域文化。

(4) 跳踢步用脚发力，脚跟快速踢至后方，步伐轻巧，连续做时要注意保持身体平衡，过程中两腿不可分开，提跨时动作要轻盈，于重拍落地。

(5) 别步跳踢步要后腿弯、前腿直，上身微向后倾。

(6) 组合音乐选曲提示：《月牙五更》《小看戏》及其他东北民歌、陕北民歌等。

第二节　云南花灯训练

云南花灯是在云南汉族地区广为流传的一种民间歌舞，在历史上是作为“社火”中民间舞蹈的一部分而流传的。俗话说“无崴不成灯”，云南花灯的崴动律的根源在于膝部，它是上下兼左右的运动走向，这一运动形式带动了胯部以上的左右摇摆，形成了独特的动感形象。

通过云南花灯各种崴的动律，训练胯、腰、肋的协调舞动，舞出女性秀气、舒雅的风格。女性以小崴为主，男性以反崴为主。

一、体态、动律训练

(一) 小崴动律

膝的屈伸带动胯、腰、肩左右摆动，忌前后摆动。膝盖的屈伸要替换重心位置，同时与脚掌的动作保持一致。双臂顺身体经下弧线，自然地左右摆动。(见图 5-4)

图 5-4

(二) 小崴十字步

左脚向右斜前方上步，移动重心；换右脚向斜前方上步，移动重心；左脚向正后方撤步，移动重心；右脚撤回小八字步，移动重心。

（三）正崴动律

双腿屈膝，左脚踩地顺势直膝，向左双摆臂，胯向左崴，下右旁腰，顺势做反面动作。（见图 5-5）

图 5-5

二、训练组合

（一）小崴动律

准备姿势：体对 1 点。

准备拍：1—4　不动。

［1］1—8　小崴四次。

［2］1—8　小崴四次。

［3］1—8　小崴八次。

［4］1—8　小崴八次。

［5］1—8　小崴十字步一次。

［6］1—8　小崴十字步一次。

［7］1—8　小鱼抢水接荷花爱恋。

［8］1—8　小鱼抢水接荷花爱恋。

（二）正崴动律组合

准备姿势：体对 1 点。

准备拍：1—4　不动。

［1］1—8　原地正崴，向左一次。

［2］1—8　原地正崴，向右一次。

［3］—［4］重复［1］—［2］的动作。

［5］1—8　原地正崴四次。

［6］1—8　原地正崴四次。

［7］1—8　向前进，柔踩步四步。

［8］1—4　向后退，柔踩步两步。
　　5—8　向前进，柔踩步两步。
［9］1—4　小跳步接圆场步，双手向斜前方平摊。
　　5—8　后踏步，双手托掌，呈七位手打开姿态。

教学提示

（1）“崴”动时，胸、腰部位松弛，以躯干为主，连续不断地横向移动，或在上下流动的悠动中崴动。脚下正步位，面向 1 点，略含胸，双手下垂，自然立直。小崴很容易被看成是胯部主动，其实不然，它是在双膝自由略屈的基础上，划出一条小的上弧线，一膝靠向另一膝的重心移动而形成的。小崴一般因节奏较快，故在腰、胯、肋三个部分中胯部崴动较为明显，但绝不意味着胯的主动。

（2）正崴的崴是经支撑腿的弯曲，在动作腿落地移动重心的同时，形成明显的自下而上的动力，促成了胯、腰、肋三个部分成弓背形向上崴动。在动律上正崴恰与小崴相反，它是经过一个下弧线，有明显向上的特点。

（3）小鱼抢水接荷花爱恋动作讲解：右脚小跳步，前踏步转身，同时双手从胸前打开，再平行抱回，接着右后踏步，右手抱回耳旁。

（4）组合音乐提示：《绣荷包》《大茶山》等。

第三节　蒙古族民间舞训练

蒙古族自古以来就以能歌善舞著称。蒙古族人民的精神特征是由草原生活的点点滴滴积淀而成的，反映在歌舞中，主要表现为勇敢、热情、奔放、爽直，折射出“天之骄子”的豪迈气质。蒙古族舞蹈最鲜明的特点，就是节奏明快、热情奔放、语汇多样，具有强烈的少数民族特色。

在训练中强调两个方面。一是对蒙古族民间舞蹈中鹰、大雁、马等动态形象的气质神韵及习性的把握，蒙古族对鹰和大雁有着特殊的情感，将其视作吉祥、理想、生命的象征。训练者通过双臂、肩部的肢体动作，表现出蒙古族男性彪悍英武、刚劲有力之美。二是在肢体训练的同时，通过观赏影像资料或者现场演出体验眼神、表情所蕴含的文化意味。在蒙古族舞蹈中，脚步、眼神、面部表情的有机结合形成了视觉上的立体化效果，具有丰富的文化内涵。

一、体态、动律训练

（一）基本体态

站右后踏步，胯前按手，上身向左拧，目视左前方。（见图 5-6）

图 5-6

（二）手臂训练

1. 提压腕

（1）双手有弹性地提腕。（见图 5-7）

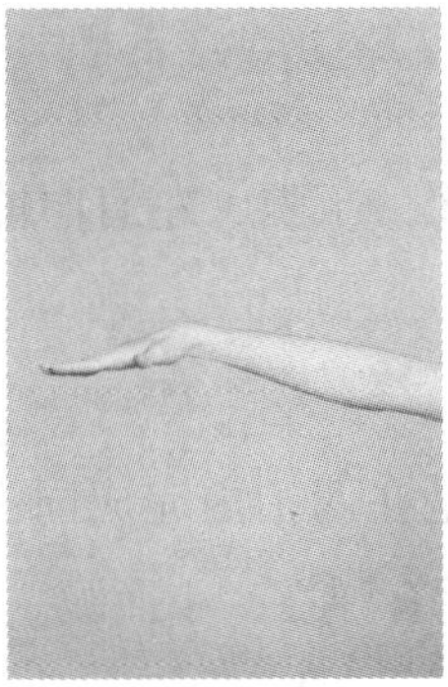

图 5-7

（2）双手有弹性地压腕。（见图 5-8）

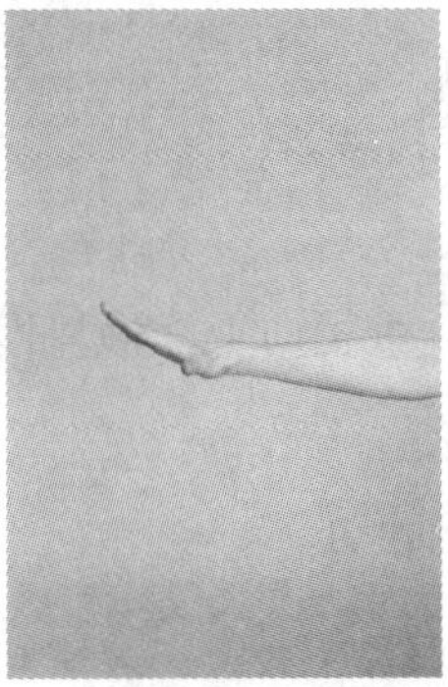

图 5-8

2. 交替提压腕

手腕交替做提腕与压腕。

3. 正软手

准备：站右后踏步，胸前按手，微沉肘，提腕。

做法：右手腕带动下压至平掌，架肘。而后压腕，提腕，指尖触摸手心后，双手慢慢向两旁打开，有连续不断的感觉。

4. 反软手

准备：站右后踏步，双手平开，手心向上。

做法：右手腕带动拉回小臂至指尖触肩后，右手腕带动打开小臂，待指尖触碰掌心后，慢慢拉至准备位舞姿。

5. 柔臂（以左手在上为例）

左手压腕，右手提腕，经肘部发力，从肩、肘、腕、掌到指尖，呈现连续不断的波浪式动作，结束时左手于左斜下方压腕，右手于右斜下方提腕。

（三）肩部训练

1. 硬肩（单）

站右后踏步，双手拇指冲叉腰，压腕，左肩向前时右肩向后，右肩向前时左肩向后。硬肩强调弹性和顿挫感。

2. 硬肩（双）

动作与硬肩（单）相同，只是在两拍内完成同一方向的两次硬肩，强调第一拍的动作轻，第二拍的动作重，动作要有弹性，小而脆。

3. 柔肩

运动路线与硬肩相同，强调动作过程中的抻、韧、柔和连绵不断。柔肩的审美体验类似于一种概念性的反射，即延续慢发力、幅度大、呈连绵不断的波浪状，充满延伸的质感，而对硬肩则应有快发力、幅度小、有棱有角、瞬间静止的审美意识。

4. 单耸肩

准备：站小八字，双手拇指冲叉腰。

（1）右肩向上有韧性地提起。

（2）快速落肩回原位（提示：重拍向上，慢提慢放）。

5. 双耸肩

动作与单耸肩相同，双肩同时运动。

6. 前后胸背

准备：小八字步，双手于胯旁压腕，夹肘，夹背，挺胸，仰头。

（1）含胸，双肘外旋，双腕前提。（见图 5-9）

图 5-9

（2）继续含胸，双手由腕带动前提至与耳平行。

（3）夹肘，压腕，腰椎一节一节展开。

（4）夹肘至体后，顶胸，仰头回准备姿态。敞胸。（见图 5-10）

图 5-10

二、训练组合

（一）基本体态训练组合

准备动作： 1—3　体对 5 点，右后点步位，面对 4 点，胯前按手。

4—da　后半拍双手划至斜上手位。

[1] 1—2　转身对 2 点上右脚成左后点步位，双铲手至斜上手位。

3—4　静止。

5—6　上左脚踏步蹲，双手胯前位。

7—8　起身，右后点步位。

[2] 1—2　右脚往 4 点撤至大八字位，双手斜下摊掌位。

3—4　撤左脚踏步蹲，双手平开位。

5—6　起身，左后点步位，双手叉腰。

7—8　右脚撤至大八字位；最后半拍右转体对 4 点，双手上划至斜上手位。

[3]—[4] 做 [1]—[2] 的反面动作；最后半拍撤右脚成左脚前点步位，双手压至胯前。

[5] 1　重心移至左脚成踏步，双手提腕。

2　上身拧对 1 点，双手随动。

3—4　上身靠 4 点，双手压腕至胯前。

5—6　重心移回右脚，双提腕，经 1 点拧身对 2 点。

7—8　下蹲，双手压至斜下手；最后半拍立起，提腕。

[6] 1　快拧身对 8 点，双手压腕至胯前。

2　蹲，压右腕；后半拍立起，提右腕。

3—4　蹲，围腰手，右靠转成体对 8 点，最后半拍立起，提腕。

5—8　做 [6] 1—4 的反面动作；最后半拍向右转身对 6 点，双手于胯前端手。

[7] 1—4　右脚起，右转身垫步两次；胯前端手，提压腕一次。

5—8　做 [7] 1—4 的反面动作。

[8] 1—2　做 [7] 1—4 的动作，垫步一次。

3—4　做 [8] 1—2 的反面动作，最后半拍向右转身对 5 点，双手叉腰。

5—7　右脚起，横移步柔肩拧转动律。

8　身体重心放在左脚，向左转身，体对 1 点，右前点步，面对 8 点，右手对 2 点斜下提腕，左手压腕至右胯前。

（二）肩部与腕部训练组合

准备：于舞台左侧，体对 3 点，双手斜上手位。

[1] 1—6　右脚起平步六步，双手斜上手位，交替硬腕。

7　右脚往 4 点上步，右手对 4 点斜上提腕，左手于右肩前压腕。

8　向左转身，左手提腕至左胯前，右手经左肩前压腕至右胯前。

[2] 1—7　右脚上步成前踏步，往 7 点横垫步。双手于胯前交替硬腕。

8　身体重心在左脚，抬右脚左转一圈，左手提腕，右手压腕。

[3] 1—4　右脚起平步行进，双手斜上手位，交替硬腕。

5—8　左脚在前，右脚在后，立、压半脚掌两次，双手斜上手位硬腕两次。

[4] 1—2　右脚向 8 点上步成踏步，右手斜上，左手在右肩前，体对 8 点，面对 2 点，硬腕一次。

3—4　右脚往 6 点撤步，双手对 8 点做 [4] 1—2 的反面动作。

5—6　向左转身，体对 6 点，面对 8 点，右脚上至前点步位，顺势走蹉步。右手斜上，左手在右肩前，硬腕一次。

7—8　做 [4] 5—6 的反面动作。

（三）软手柔臂训练组合

准备姿势：体对 1 点，脚呈小八字位。

准备拍：1—4　双手渐提至胸前，平手位。

［1］1—4　胸前软手。

5—8　双手打开至平手位，软手。

［2］1—4　右脚对 8 点上一大步，屈膝，身体前倾，双手对 8 点软手。

5—8　右脚撤步，左脚对 2 点点步，靠身，体对 2 点，目视 8 点，肩上交替软手。

［3］1—8　做［2］1—8 的反面动作。

［4］1—8　右脚对 8 点上步，绕肩推手，吸左腿顺势对 4 点撤步，呈右弓步蹲，双手做软手并从胸前位打开至平手位。

（四）上下柔臂组合

准备姿势：体对 2 点，目视 1 点，右后踏步，双手胯前按手位。

［1］1—8　双腿右后踏步位屈伸，上身随之对 8 点、2 点来回转动。

［2］1—4　右腿对 3 点上步呈弓步，右起上下柔臂一次。

5—8　做［2］1—4 的反面动作。

［3］1—4　左起步对 1 点上两步，左起上下柔臂。

5—8　左起平步后退四步，做四次上下柔臂。

［4］1—4　重复［3］1—4 的动作。

5—8　左起划船步，转身对 8 点行进，上下柔臂。

［5］1—8　左起平步后退四步，做四次上下柔臂。

［6］1—8　划船步，转身对 2 点行进，上下柔臂。

［7］1—8　划船步，往 5 点后退，先左后右做上下柔臂，转身。

［8］1—8　左起错步对 1 点行进，双手至体前，上下柔臂。

（五）肩部组合

准备动作：　体对 1 点，自然位。

［1］1—8　右脚对 8 点上一步呈左后点步位，双手叉腰，硬肩四次；最后半拍，身体重心移至左脚。

［2］1—4　右脚往 2 点上步，左脚随之至正步位，身体前俯，硬肩四次。

5—8　身体靠后，硬肩四次；最后半拍双脚踮起，身体转对 8 点。

［3］1—8　右转身平步一圈转对 2 点，同时硬肩八次。

［4］1—8　做［3］1—8 的反面动作。

［5］1—4　右脚起，右转身对 3 点平步四次，柔肩；最后一拍右转身对 7 点。

5—8　重复［5］1—4 的动作。

［6］1　右脚起对 8 点上步，出左肩。

2　左脚直腿划向 7 点旁点，出右肩。

3　重心移至右脚，出左肩。

4　左脚对 2 点上步，出右肩。

5　右脚踏地，肩不动。

6　重心移回右脚，左前吸腿，出左肩，目视 8 点。

7　落左脚为支撑脚，右后点步，出右肩。

8　重心移回右脚，左脚前点，出左肩，身体微含。

［7］1—8　做［6］1—8 的反面动作。

［8］1—4　右脚起，两拍一次对 1 点垫步，双肩两次。

5—8　对 8 点、2 点各做一次［8］1—4 的动作。

(六) 胸背组合

准备姿势：体对 8 点，目视 1 点，右后踏步，双手胯前按手位。

［1］1—8　提左腿落至后踏步位，上身前倾，做胸背两次。

［2］1—8　左腿对 2 点上步，体对 2 点，平首位胸前翻腕下压，胸背两次。

［3］1—8　右腿对 8 点上步，体对 8 点，重复［2］1—8 的动作。

［4］1—8　左腿对 1 点上步蹲，屈伸，身体前倾，双手自斜上手位落下，胸背一次。

教学提示

(1) 做肩部动作必须要自然、松弛、灵活。

(2) 硬肩有力，要有顿挫感；柔肩柔韧，连绵不断；双肩“一步分两步走”，有弹性，小而脆。

(3) 硬腕以手腕动作的灵活变化来传情达意。

(4) 提胯、立腰、拔背、敞胸、重心略偏后呈微靠势，是蒙古族女子舞蹈的基本体态。

(5) 目光远视，气息下沉，稳重、端庄、含蓄、柔中见刚，是蒙古族女子舞蹈的审美特征。

(6) 做提压腕动作时强调腕部的顿挫感，动作应完成得干脆利落。

(7) 音乐提示：《牧民新歌》《鸿雁》《赞歌》等。

第四节　维吾尔族民间舞训练

维吾尔族自古居住的中国西北部新疆，是我国最大的省区之一，有着悠久的文化传统和丰富的艺术遗产，自古以来以“歌舞之乡”而著称。维吾尔族舞蹈的主要特点是身体各部位的动作同眼神配合传情达意，从头、肩、腰、臂到脚趾都有动作，昂首、挺胸、直腰是其体态的基本特征。通过舞蹈动作中动、静的结合和幅度的对比，以及移颈、翻腕等装饰性动作的点缀，形成了维吾尔族舞蹈热情、豪放、稳重、细腻的风格韵味。

其特点还表现在：一是膝部连续性的微颤或变换动作前瞬间的微颤，使动作柔美，衔接自然；二是旋转快速、多姿，且戛然而止；三是音乐伴奏多用切分音、附点节奏，弱拍处常进行强奏的艺术处理，用以突出表演中的风韵和民族色彩。

一、体态、动律训练

（一）基本体态

小八字步，重心略偏前，提胯、立腰、拔背、挺胸、垂肩、昂首，目平视或目视斜下，双手自然下垂。

（二）基本脚位。

1. 前点步

站小八字步，重心在左脚，右脚于左脚脚心处脚掌点地。（见图 5-11）

图 5-11

2. 旁点步

站小八字步，重心在左脚，右脚脚掌旁点地。

3. 后点步

站小八字步，重心在左脚，右脚掌心点地。（见图 5-12）

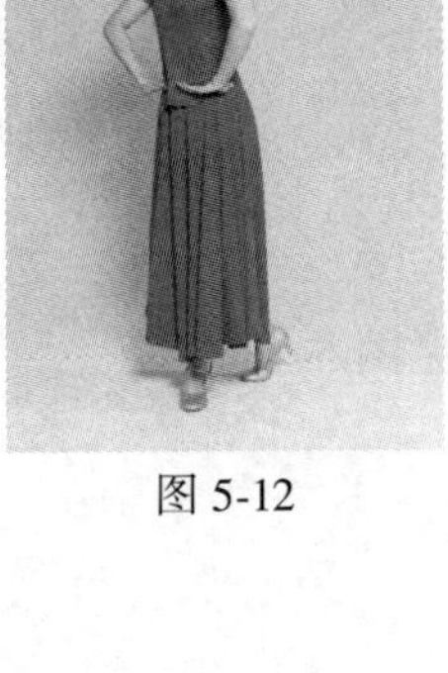

图 5-12

4. 斜后点步

站小八字步，重心在左脚，右脚脚掌向右后点地。

5. 斜前点步

站小八字步，重心在左脚，右脚脚掌向右前点地。

（三）基本手形

1. 掌形

即自然手形，四指并拢，拇指自然张开。（见图 5-13）

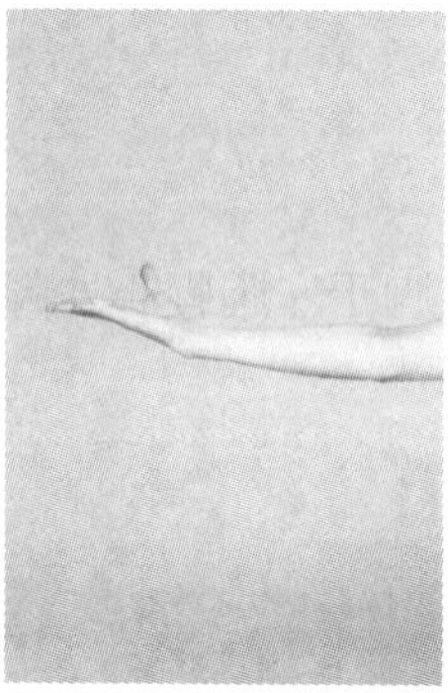

图 5-13

2. 花形手

拇指和中指间相对（呈捏葡萄状），另外三指自然翘起。（见图 5-14）

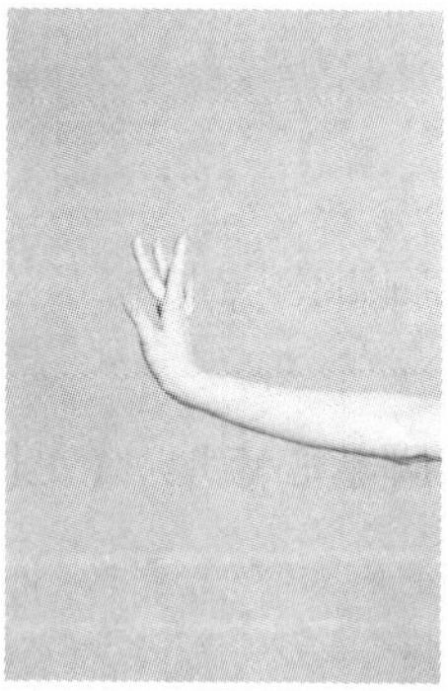

图 5-14

3. 空心拳

拳头中空，拇指自然贴于实指第一关节处。

4. 拇指冲

握空心拳，拇指自然张开。（见图 5-15）

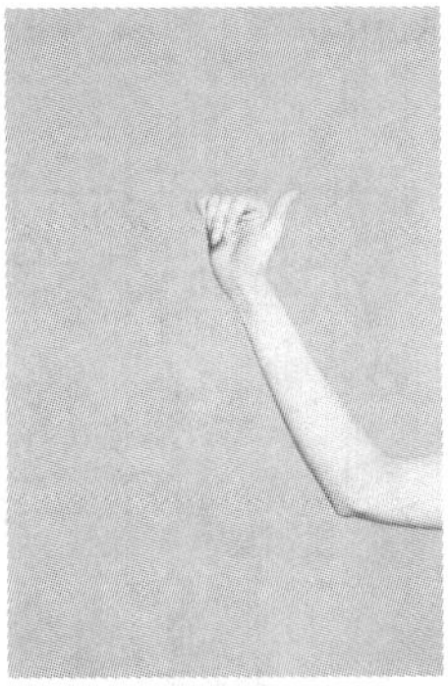

图 5-15

（四）基本手位

1. 围腰手

以右为例，右手围于胯前（左胯或右胯前），左手围于左腰后。（见图 5-16）

图 5-16

2. 斜前手（一位）

左手置于左前斜方，右手置于右前斜上方，立腕。（见图 5-17）

图 5-17

3. 平开手（二位）

手臂伸直平开，立腕。（见图 5-18）

图 5-18

4. 斜上手（三位）

左手置于左前斜上方（过头顶），右手置于右前斜上方（过头顶），立腕。（见图 5-19）

图 5-19

5. 托帽手

右手托于耳后上方，左手斜上立腕。（见图 5-20）

图 5-20

6. 胸前交叉手（七位）
双手在胸前交叉，立腕。(见图 5-21)

图 5-21

7. 遮阳托腮手
左手于头斜上方屈臂，手心向下，右手置于下巴下，手心向下，架肘。(见图 5-22)

图 5-22

8. 扶胸手
右手交叉扶在胸前，上身微向前俯，头微向前点，目视斜下方。(见图 5-23)

图 5-23

9. 点肩手

（右手为例）中指点肩。（见图 5-24）

图 5-24

10. 夏克手

（以右为例）右顶手，左手在右肩前。

11. 叉腰手

双手虎口叉腰，指尖相对，胳膊肘微向前。

12. 单邀请手

右平开手，手心向上，左手自然下垂，目视右前方。

13. 双邀请手

双手向两侧打开，手心向上。（见图 5-25）

图 5-25

14. 点帽手

（以左为例）左手于顶手位屈臂，中指点向头顶。（见图 5-26）

图 5-26

(五) 基本动律

1. 点颤动律做法

准备：右前点步，双膝松弛。

1　右脚脚掌点地，同时双膝向下颤膝一次。

da　右脚脚腕放松，脚掌自然稍离地，双膝向下颤膝一次。

教学提示

做点颤动作要颤而不窜，挺而不僵。

2. 摇身动律做法

在点颤动律的基础上，上身保持基本体态，然后横向摇动，有鞭子抽动的感觉。

3. 抬颤步做法

左腿颤膝一次，同时右小腿快速后抬。

4. 前后三步一抬做法

准备：小八字步。

da　右脚抬颤。

1　右脚向前上步。

da　左脚踮脚，向前上一大步。

2　右脚向前上步呈左后踏步。

5. 横移三步一抬做法

准备：小八字步。

da　右脚抬颤。

1　右脚落至左脚前（横踮步）。

da　左脚踮脚，向左横移一大步。

2　右脚向左横移成左后踏步。

6. 转体三步一抬做法

准备：小八字步。

da　右脚抬颤。

1　右脚落至左脚前（横踮步）。

da　左脚踮脚，向左横移一大步。

2　体对 2 点，右脚上步至左后踏步。

7. 转身三步一抬做法

准备：小八字步。

da　右脚抬颤。

1　向右转身，右脚向 4 点上步，脚跟着地。

da　左脚踮脚，向 5 点上步。

2　体对 8 点，右脚上步呈左后踏步。

教学提示

转身时要留上身和头。

8. 三步一点做法

准备：小八字步。

da　右脚抬颤。

1　右脚落至左脚前（横踮步）。

da　左脚踮脚，向左横移一大步。

2　右脚上步至左后踏步。

3　左脚向左，前脚掌点地。

三、训练组合

（一）体态与动律组合

准备：（8 拍）分两组，一组在舞台右后方体对 8 点，二组在舞台左后方体对 2 点。

［1］1—8　两组出场做左起自由步两慢三快。

［2］1—8　做［1］1—8 的反面动作。

［3］1—4　左起单步退两步。

　　　5—8　撤左脚呈左侧后点步位，体对 8 点，双手提至右遮羞式，目视左下方，同时点颤两次。

［4］1—8　左脚起点移步，双手呈右拖帽式，第八拍上右脚呈踏步位。

［5］1—8　左手叉腰，右手平摊手至横手位，移颈四次，目平视，由 8 点移至 2 点。

［6］1—4　右脚起撤移步，右手扶肩横推，左臂下垂。

5—6　脚不动，双手提至右遮羞式。

7—8　保持舞姿，左脚点地向左辗转半圈后体对 5 点。

［7］1—8　左脚起撤移步两次，双手由插花式平推至横手位。

［8］1—8　重复［7］1—8 的步伐，双手点肩平穿，右左各一次。

［9］1—4　左转半圈对 1 点，右腿跪地，双手于斜前手位打响指，移颈。

5—8　上身向左右各拧一次，同时各打响指一次。

［10］1—8　双手经胸前摊绕腕呈双拖帽式，目视 2 点；第五至八拍，边移颈边慢起身。

［11］1—8　右脚起单步退两步成右前点步位，点颤两次。

［12］1—8　右点地向右辗转至 3 点，双手经上分手，左臂下垂，右手贴体左侧慢提至左耳旁。

［13］1—2　右脚上至踏步位半蹲，体对 7 点，双手经绕腕平穿至右旁。

3—4　腿不动，手绕腕至左手上托右手横手位。

5—8　左后点地向左辗转半圈至体对 5 点。

［14］1—8　保持舞姿，右脚为支撑脚，左脚点地向左辗转半圈后体对 1 点。

［15］1—8　右脚起三步一停退两次，右手托帽式，左手提裙。

［16］1—4　上右脚成踏步，体对 7 点，右手捋辫至上托手位，左臂下垂。

5—8　保持舞姿做摇身点颤两次。

［17］1—8　右脚为支撑脚，左脚点地向右辗转至体对 2 点，右手托帽式，左手提裙。

［18］1—2　上左脚成踏步半蹲，同时双手于胸前击掌后，身体拧向 8 点。

3—4　起身，右手摊绕腕至横手位，左手叉腰，身拧向 2 点，目视 1 点。

5—8　保持舞姿，点颤、移颈两次。

鼓点：

［19］1—8　右脚起对 1 点走自由步，两慢三快，双手经胸前平摊至横手位。

［20］1—8　撤右脚跪地，双手提于斜上手位绕腕，落至插花式。

（二）多郎邀请短句

节奏：赛乃姆 2/4（中速）。

准备姿势：体对 1 点，小八字步，双臂自然下垂。

准备：齐克提曼 6/8（中速）。体对 1 点，小八字步，双臂自然下垂。

1　左脚单抬步，双膝半蹲，双右邀请手，目视 2 点。

2—3　右脚抬颤接左躲横移步，左手接里绕腕至左顶手，右平开手。

4　左脚单抬步上步，双手于顶手位向右双推腕，目视 2 点。

5—6　右脚抬颤接双手于前手位，手心、指尖相对翻腕三次。

da　左脚向左迈一步。

7—9　做 1—3 的反面动作。

10—11　右脚起做压颤步，两步一躲，向右转身一圈至 8 点，双手经做邀请手打开至平开手，再收回，手心、指尖相对。

12　右脚跺地，双手由胸前打开至左顶手、右平开手，目视 1 点，挑胸腰。

（三）三步一抬组合

准备：赛乃姆 2/4（中速）。体对 1 点，小八字步，双臂自然下垂。

da　右脚抬颤。

1—2　右脚抬颤做向前 3 点右转体三步，成体对 5 点，双手经做邀请手，里绕腕至平开手、右顶手。

3—4　左脚向 3 点上步做 1—2 的反面动作。

5—6　右脚抬颤向前接转身，三步一抬，转至体对 3 点，成左后踏步半蹲，上身拧对 5 点，向 3 点俯身 25 度，左手旁垂，右手于顶手位外盘腕至单托冒手，目视做斜下方。

7—8　原地点颤动律两次，左手垂臂推腕，身体随做摇身动律。

9—10　右膝微弯，左脚向 3 点探出做点颤动律，身体后靠，左手渐起对 3 点斜下方推腕两次。

11—12　右膝微弯，左脚向 3 点探出做点颤动律，左手渐起，对 3 点斜上方推腕两次。

13—14　体对 1 点，向 3 点做左脚抬颤接横移，三步一抬，双手经胸前交叉打开至平开手。

15 —16　向 7 点做右脚抬颤接横移，三步一抬，右手做猫洗脸，左手扶右胳膊肘，身体微向右前送出。

17　左脚跺地，双手于左耳旁经里绕腕击掌。

18　右起单抬步三次，向右自转一圈，落至右前点位，双手经撩辫落，至左手手指点右腰、右手扶胸，上身微前俯行礼。

19—20　舞姿静止。

21—22　原地点颤动律四次，身体渐起，移颈四次，双手由胸前平摊打开至平开手。

三、教学提示

（1）维吾尔族民间舞训练中的要素包括：体态、节奏、动律。这些训练要素是整个维吾尔族民间舞教学体系的重要组成部分，也是掌握维吾尔族民间舞动作风格特点的重要依据。体态训练要求身体挺而不僵，保持一种立腰拔背的形态，强调昂首挺胸、立腰拔背而产生的直立感。

（2）要注意维吾尔族女性动作特有的留、甩辫子的感觉，以及鼓点节奏与内心节奏的配合。

（3）维吾尔族的赛乃姆来自阿拉伯语，意为美丽的偶像，是麦西热甫活动中重要的群众娱乐形式，其特点表现在对身体各个部位的细致运用。在表演中要具有含蓄、端庄、典雅、抒情、稳健等风格，同时身体各部位的动作与面部表情要相配合，形成既热情、豪放又稳重、细腻的特点。

（4）三步一抬动作可向斜前方或斜后方行进，向后时停在斜后点上。

（5）音乐提示：可采用《达坂城的姑娘》《塔里木河》《毛主席的恩情深似海》《歌唱新生活》《赛乃姆舞曲》《库尔班》等。

第六章

外国代表性舞蹈训练

对于影视表演的学生来说，研习外国的性格舞蹈是演绎外国戏剧或修炼气质与形体的最佳学习选项之一。这里我们有针对性地选择了两种外国代表性舞蹈，作为学生们学习舞蹈和开拓舞蹈视野的基础练习。在选材初始，就考虑到因材施教和专业的需要，希望以此增加学生的表演储备量，让学生在涉足外国戏剧表演时能够快速入戏，增加表演的再创作空间。此外，外国性格舞蹈中包含的一些礼仪知识及其特殊的舞蹈风格，也是学生了解外国民俗风情的途径之一，为演绎外国戏剧铺路搭桥。

第一节　小步舞训练

“谁小步舞跳得好，他一切都做得好”——这是18世纪初资产阶级社会对待小步舞的态度。这是“国王们的舞蹈和舞蹈之国王”——研究小步舞的历史学者异口同声地说。

小步舞形成于17世纪末18世纪初。强调“礼仪性”、隆重而又古板，是小步舞表演的基本特征。跳好小步舞，要保持步子平稳，每个动作都是从前面一个动作自然延伸的，不能停滞。做到这一点其实难度非常大。在小步舞流行的年代，学习舞蹈艺术通常是需要较长时间的：仅仅一个小步舞的鞠躬就要学上数个月的时间，一支小步舞必须要排练上几年才敢到宫廷舞会上去表演。

一、基本动作解析

3/4拍音乐。小步舞的舞步动作一般由2小节构成。

（一）准备姿势

右脚前、左脚后于三位站好，男伴手稍离开身体，女伴双手轻轻拎裙子，舞蹈动作开始前先屈膝做plie。

（二）基本步法1

空拍：屈膝做plie。

[1] 1　右脚向前滑步（glissade）。

2　左脚快速磕右脚踝。

3　左脚向旁踢出。

在第1小节的基础上，立半脚尖呈五位，往前走三小步。

[2] 1　左脚回到右脚前。

2　上右脚。

3　上左脚。

（三）基本步法2

步法为一慢步、三快步。

[1] 1—3　右脚向前迈出（膝盖放松，随动起伏，慢步）。

［2］1—3　左、右、左，交替向前迈出（快步）。

［3］1—3　左脚向前迈出。

［4］1—3　右、左、右，交替向前迈步。

（三）基本步法 3

［1］1—3　男右脚向前，左脚四位悬空在右脚踝后，女相同。

［2］1—3　男左脚向后，右脚四位悬空向前伸直后在回左脚踝前，女相同。

（四）基本步法 4

［1］1　右脚小跳，左脚向旁悬空踢出。

2　左脚落地。

3　右脚随左脚向左横向移动，落于左脚前。

［2］重复［1］的动作。

二、代表性组合

（一）花式一

首先演奏 8 小节音乐，让舞者各就各位，无舞蹈动作。就位姿势：男伴站立在女伴的左边，女伴的左臂屈肘，左手放在男伴的右手里。(见图 6-1)

图 6-1

然后小步舞开始。

1. 第一部分：1 小节音乐

男伴和女伴同时向所有在场的人行屈膝礼。(见图 6-2、图 6-3)

图 6-2

图 6-3

（1）男子动作。

右脚前、左脚后于三位站好。屈膝礼结束后，舞者彼此相对，围成一个半圆。

［1］1—2　左手摘下帽子画圆圈，同时左脚往后退，身体重心向后转移。

3　右脚稍向前脚尖点地，身体向前弯腰鞠躬，同时让帽里子朝向自己，然后身体立直。

（2）女子动作。

右脚前、左脚后于三位站好，双手拎裙子。

［1］1　在三位的基础上，做 plie。

2　身体稍稍向前弯腰，稍低头致意。

3　然后身体立直。

2. 第二部分：2 小节音乐

男伴将右手伸给女伴，女伴将左手伸给男伴，然后他们面向 1 点呈三位开始舞蹈。

动作分解：

准备姿势，于三位站好。

［2］1—3　男伴出右手，呈小七位。

［3］1—3　女伴将左手伸给男伴。第 3 拍时，男伴轻轻握住女子的左手，二人面向 1 点站好。

3. 第三部分：8 小节音乐

开始基本步法 1，反复做 8 小节。

舞步分解：

空拍：屈膝做 plie。

［4］1　右脚向前滑步。

2　左脚快速磕右脚踝。

3　左脚向旁踢出。

在第 1 小节的基础上，立半脚尖呈五位，往前走三小步。

[5] 1　左脚回到右脚前。

2　上右脚。

3　上左脚。

(二) 花式二

1. 第一部分：8 小节音乐

男伴和女伴由第一花式结束后，转变为二人面对面，牵手，做基本步法 2 走 360 度圆圈回到原点。

步法为一慢步、三快步（一慢步的时候膝盖放松，随节奏微蹲起伏）。

舞步分解：

[1] 1—3　屈膝做慢步，男右脚向右迈出，女相同。

[2] 1—3　右、左、右走快步。

[3] 1—3　屈膝做慢步，男右脚向右迈出，女相同。

[4] 1—3　右、左、右走快步，结束后二人手放开。

[5] 1—3　反方向重复，屈膝做慢步，男左脚向左迈出，女相同。

[6] 1—3　左、右、左走快步。

[7] 1—3　屈膝做慢步，男左脚向左迈出，女相同。

[8] 1—3　左、右、左走快步。

两位舞者正反方向走圆结束，回到原点，男左女右，男右手与女左手轻搭在一起。

2. 第二部分：4 小节音乐

做基本步法 1。

舞步分解：

准备姿势，于三位站好。

[1] 1　右脚向前滑步。

2　左脚快速磕右脚踝。

3　左脚向旁踢出。

在第 1 小节的基础上，立半脚尖呈五位，往前走三小步。

[2] 1　左脚回到右脚前（快步）。

2　上右脚。

3　上左脚。

重复一遍。

(三) 花式三

为 16 小节音乐。

就位姿势：男伴站立在女伴的左边，女伴的左臂屈肘，左手放在男伴的右手里。

第 1 到 4 小节，二人握手，从相同的脚开始，沿直线向前做四个小步舞的基本步法 3。(见图 6-4)

图 6-4

［1］1—3　男右脚向前，左脚于四位悬空在右脚踝后，女相同。

［2］1—3　男左脚向后，右脚于四位悬空向前伸直后画半圆，再回左脚踝前，女相同。

［3］1—3　男右脚向前，左脚于四位悬空在右脚踝后，女相同。

［4］1—3　男左脚向前，右脚于四位悬空向前伸直后画半圆，再回左脚踝后，女相同。

第 5 到 6 小节，做小步舞基本步法 1。

空拍：屈膝做 plie。

［5］1　右脚向前滑步。

2　左脚快速磕右脚踝。

3　左脚向旁踢出。

在前一小节的基础上，立半脚尖呈五位，往前走三小步。

［6］1　左脚回到右脚前。

2　上右脚。

3　上左脚。

［7］—［8］　重复基本步法 1 的动作。第 8 节第 3 拍时，二人放手。

［9］　二人同时转身，男向左转向 7 点，女向右转向 3 点。

［10］—［11］重复基本步法 1 的动作。

［12］1—3　二人同时转身面对面。

［13］1—3　二人同时做基本步法 2，男向左横向，女向右横向。

［14］1—3　二人同时做基本步法 2，男向右横向，女向左横向，回到原位。

［15］—［16］重复基本步法 1 的动作。

(四) 花式四

为 16 小节音乐。

在花式三结束的基础上，二人面向1点，女左手轻搭男右手，女右手微下垂提裙子，用基本步法2退回到5点。

空拍：二人转向1点方向。

步法为一慢步、三快步。

[1] 1—3　　右脚向后迈出（膝盖放松，随动起伏，慢步）。

[2] 1—3　　左、右、左，交替向后迈出（快步）。

[3] 1—3　　左脚向后迈出（膝盖放松随动起伏）。

[4] 1—3　　右、左、右，交替向后迈步。

[5] — [8]　　做小步舞基本步法1。

[9] — [10]　　做小步舞步法4。

[11— [14]　　二人面对面，做小步舞步法1，结束。

[15] — [16]　二人行屈膝礼，花式结束。

第二节　玛祖卡训练

玛祖卡（Mazurek），又称“玛祖尔”或“玛祖列克”。舞蹈的名称来源于居住在波兰马佐维亚的玛祖尔族。在波兰，这种舞蹈极受推崇，位居所有舞蹈之首，波兰人跳玛祖卡跳得确实精彩。

在19世纪，玛祖卡超越自己祖国的疆界流传甚远，成为国际性的舞会舞蹈。但是即使在那个时期，它也没有与自己的根子——民间舞蹈失掉联系。玛祖卡一度曾在巴黎的贵族圈子里流行，但从来没有像波尔卡和与此类似的圆圈舞蹈那样受到热烈欢迎。之所以会有这种现象，原因在于，相比其他舞蹈，学习这种舞蹈需要付出多得多的时间、耐心和技艺。这种独特舞蹈的主要魅力在于，它具有很大的个人自由，每位舞者都可以根据自己的想法编出他认为合适的组合——只要不违反规矩，不妨碍别人就行。

一、基本动作解析

3/4拍音乐。

（一）Pas gala（阅兵步）

男舞伴的动作。

准备姿势；脚站三位，右脚在前面。

[1] 1　左脚轻轻地向上小跳，右脚沿着地面绷脚伸出到前四位。身体重心在左脚上。

2　右脚划到旁，身体重心移到右脚上。左脚稍抬起（屈膝，绷脚，脚腕打开靠在右脚腕后）。

3　右脚向上小跳，左脚经过一位绷脚往前伸出到四位。

［2］　换脚反复。

（二）Pas couru（轻跑步）

女舞伴的动作。

准备姿势：脚站三位，右脚在前面。

空拍：右脚往前伸出到低的空中前四位。

［1］1　右脚落地，身体重心移到右脚上。

2　左脚轻轻向前滑行到四位，身体重心移到左脚上。

3　右脚滑行向左脚靠拢成一位，好像把左脚打出去。左脚伸出到低的空中四位。

［2］　换脚反复。

（三）Pas boiteux（跛步）

男女舞伴都可以做。在舞会玛祖卡中，主要用于男子。男舞伴的左脚稍跛一点，给人瘸腿的感觉。

准备姿势：三位，左脚在前。

［1］1　右脚小跳，同时左脚绷脚向前伸出到四位。

2　左脚往前一步，身体重心在左脚上。

3　右脚往前迈一步。

这个动作可以不换脚重复做。向前做，也可以保持原来的顺序向后做。

（四）闭合式的姿势转圈

舞蹈者面对面站好。男舞伴的左肩对着女舞伴的左肩，女舞伴的左手做伸直姿势在男舞伴的右手上，男舞伴右臂稍屈肘，抬到与肩同高，男舞伴的左手抱住女舞伴的腰，头稍向右倾斜。舞蹈者用右脚开始做跛步向左转圈，一个小节转 2 圈。

［1］1　左脚轻轻地跳一下，同时右脚稍屈膝打开到前四位。

2　右脚落地，并承受住身体的重量。

3　左脚向右脚靠拢。

［2］　重复［1］的动作，继续向左转。

注：在做这种转圈时，女舞伴的左手也可以放在男舞伴的右肩上。这时男舞伴的右手可以打开向旁，与肩同高。

（五）敞开式的姿势转圈

舞蹈者一对一对站好，男舞伴的左手放在自己身前，女舞伴的左手放在男舞伴的左手上，右手提裙子。男舞伴的右手抱住女舞伴的腰。女舞伴像前一种转圈一样从右脚开始做，男舞伴左脚开始做向后的动作。两人向左转。

［1］1　男舞伴右脚向上跳一下，同时左脚绷脚背，稍屈膝打开到后四位。

2　左脚落地。

3　右脚靠到左脚后面。

［2］　重复［1］的动作。一个小节转半个圈。

（六）Coup de talon（戈鲁别茨）

这是一个和玛祖卡轮换做的男性动作。

准备姿势：脚站一位。

[1] 1　右脚向前跳一下，同时右脚后跟打左脚后跟。左脚脚尖不离地，快速打开到二位。

2　左脚向二位迈一步，身体重心移到左脚上。

3　右脚在地面上滑行靠到左脚旁边呈一位。

（七）Pas coupe（切步）

这是一个男性动作，和跛步很相似。但是，如果说在跛步中第 3 拍时，脚向前迈步是经过一位，那么在切步中，这只脚是把另一只脚打出去，好像“切掉”它一样，因此这个步伐就叫作“切步”。这个动作总是由同一只脚开始做的。

准备位置：三位，右脚放在前面。

[1] 1　左脚向上跳一下，同时右脚绷脚背打开到前四位。

2　右脚向前滑行。身体重心移到右脚上，左腿稍屈膝，左脚离地。

3　左脚在后三位以有力的动作把右脚打出去，右脚打开到四位。

二、玛祖卡舞步的组合

准备姿势：三位，右脚在前。

男伴的右手拉住女伴的左手，在舞蹈过程中手要一直低于肩。男女舞伴的上身都相互朝向对方并后仰。男舞伴带女舞伴走的时候，男舞伴一直要让女舞伴稍走前一些。

[1] — [8]　男舞伴做阅兵步，女舞伴做轻跑步。

[9] — [16]　男女舞伴做轻跑步。

[17] — [20]　男舞伴做阅兵步，女舞伴做轻跑步。

[21] — [24]　男女舞伴做闭合式转圈。

[25] — [28]　男舞伴做阅兵步，女舞伴做轻跑步。

[29] — [32]　男女舞伴做敞开式转圈。

[33] — [36]　男女舞伴做滑步。

[37] — [40]　男女舞伴做轻跑步。

三、玛祖卡的花样

（一）第一花样

各舞队排着队分别从 3 点和 7 点相对行进，在中间会合后面向 1 点。第一对带成一个纵队，然后从一纵队分开成两纵队。第一对向右走，第二对向左走，第三对向右走，第四对向左走，第五对向右走，第六对向左走，呈两纵队。右纵队的向左，左纵队的向右，进行穿插。沿着圆圈走一圈，女舞伴走到大厅中心，成一个小圆，并双手成三位手。男舞伴弯腰绕女舞伴跳一整圈，回到自己的位置，男舞伴从自己的女舞伴后面走到大厅中心，互相双手拉起转一圈。女舞伴们向后退到男舞伴站的位置，自转一圈面向男舞伴，右腿单膝跪地。然后每对舞伴各自面对面转一圈走到自己的位置，互相鞠躬。

（二）第二花样

各舞对沿着圆圈在大厅中走一圈。男舞伴做阅兵步，女舞伴做轻跑步。各队拉手成一个大圆圈，沿着圆圈向右移动。然后女舞伴做轻跑步形成里圈，男舞伴做阅兵步形成外圈。里圈女舞伴向右移动，外圈男舞伴向左移动。最后男舞伴上前拉起女舞伴的左手，走到自己的位置，原地转一圈。

（三）第三花样

所有各对一起做“自由步”。每位男伴站在自己女伴的对面，向她伸出右手，并按着手走圆圈，即走向另一位女伴。他向她伸出左手，向下一位女伴又伸出右手，这样走下去，直到与自己的女伴重逢为止。男伴往右走，女伴往左走。当男伴走到自己的女伴跟前以后，便做“自由步”并返回自己的位置。

高级篇

高级篇以舞台对抗技能训练为主要内容。舞台对抗技能训练旨在为身体素质较好或者有特殊职业要求的训练者提供高难度的技术技巧性内容，按照因材施教的教学准则，分别通过掌、拳以及肘、腿、步的分解格斗训练，到翻、摔等高难度的打斗训练，提升训练者高强度的身体控制能力和与人协作的能力，并融入表演元素进行练习，从训练者自身感觉入手，最终达到在特定职业情境中对自身肌体与情感控制自如，能够在进行舞台表演时更加准确、更具表现力。

舞台对抗技能包括：肢体的抗衡、翻、摔及动作场面的体现。以训练肢体灵活性为基础，通过此篇章内容的严格训练，带动呼吸控制、身体平衡、注意力集中以及直接性的感官提升，通过技巧的练习和假打真斗的过程，在对打双方之间建立一种高水准的合作关系。合作双方可以相互帮助，使动作精益求精、富有节奏；也有责任在完成动作技巧的过程中控制好自己的力量与速度，能够对动作的混乱或失控进行调整。最终，合作双方在分享舞台打斗所带来的畅快的同时，又能得到一种相互信任、挥洒自如的美好体验。

需要注意的是，在表现打斗和翻摔时，不应当向对手施加任何形式的暴力；如果必须将对手打倒在地、推地、殴打等，都应当有精确的制约和特殊的方法，并且进行仔细的操练，做到万无一失，以最小的力量完成最大的动作。

第七章

分解格斗训练

第一节　掌与拳的训练

在舞台表演中，拳和掌的攻击防守千姿百态，掌握各种掌与拳的基本动作与要领是非常有必要的。拳一般包括直线、平圆和弧线等运动形式，出拳时要强调以腰带肩、以肩催肘的动力，要控制好力量，看似出拳重打，但要轻落。在掌法训练中也是如此，在击打对方时要眼明手快。

一、拳的训练

(一) 拳的形状

1. 拳心

五指弯曲握拳后，掌心的一面。(见图 7-1)

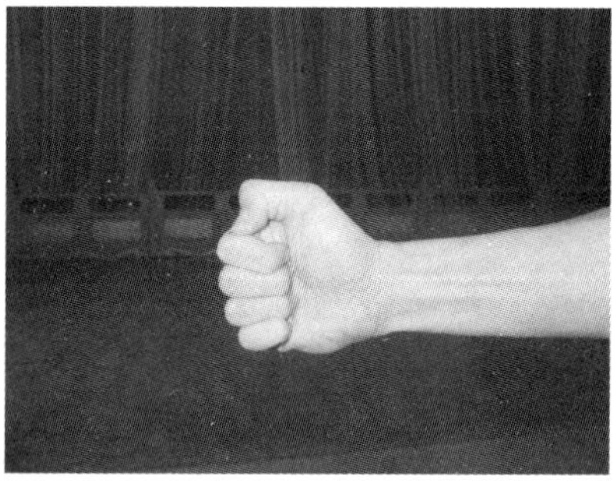

图 7-1

2. 拳背

五指弯曲握拳后，掌心的反面。(见图 7-2)

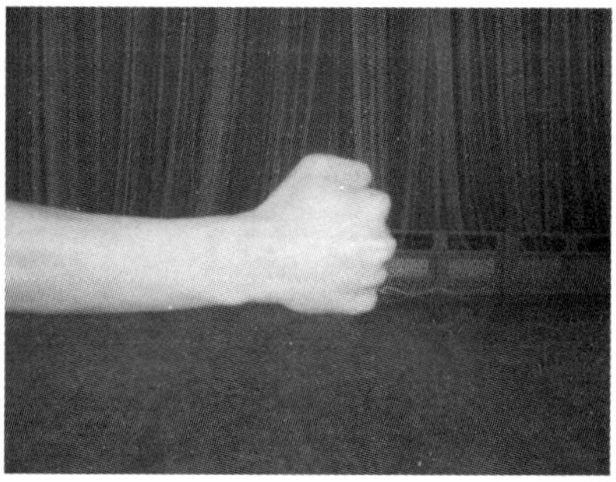

图 7-2

3. 拳面

食指、中指、无名指和小拇指第一节指骨合并后形成的平面。(见图 7-3)

图 7-3

4. 拳眼

拇指和食指屈卷而形成的圆孔。(见图 7-4)

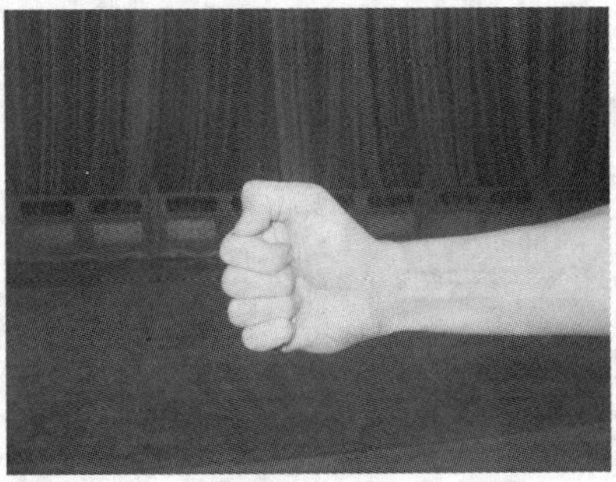

图 7-4

5. 拳轮

小拇指屈卷形成的圆孔。(见图 7-5)

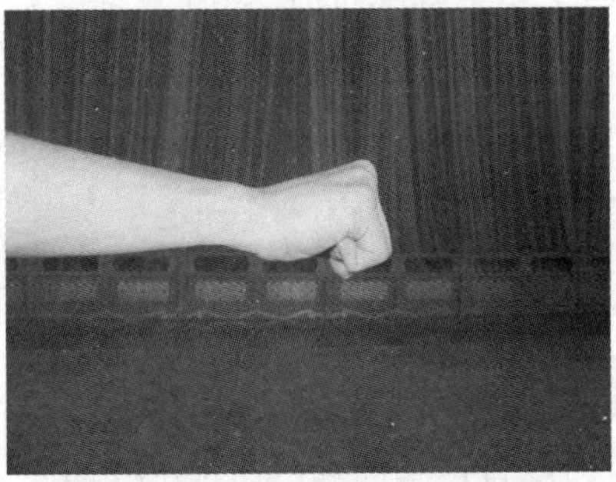

图 7-5

6. 冲拳

拳背朝上，拳心朝下，握拳的小臂平伸前冲的拳，都是冲拳。

7. 仰拳

拳心朝上，拳背朝下，弯曲时收在腰侧的拳，都是仰拳。

8. 直拳

拳眼朝上，拳轮朝下，由上劈砸而下，停在身前或身侧的拳，都是直拳。

9. 反拳

拳轮朝上，拳眼朝下，反臂斜举在身后的拳，都是反拳。

10. 立拳

拳面朝上、直臂上拳的拳，或弯肘使拳面朝上的拳，都是立拳。

11. 垂拳

拳面朝下，向下栽伸的拳，都是垂拳。

（二）准备姿势（见图 7-6）

预备动作：（以图 7-6 穿带字母 T 恤的男子为例）双脚并立，两手放于身体两侧。

图 7-6

下肢动作：右脚在前，右腿膝关节微屈，全脚着地，脚尖内扣；左脚在后，左腿膝关节弯曲，脚后跟提起，前脚掌着地内转 45 度。两只脚前后距离与肩同宽，左右间距约 15 厘米，侧身，站成前后步，重心微向前倾。

上肢动作：双手握拳（或半握拳），拳眼斜向上，拳头右前左后曲抬在身体前，右臂弯曲幅度大于 90 度，左臂弯曲幅度小于 90 度，需垂肘护肋。

（三）拳法

1. 左右冲拳（以右冲拳为例）

动作过程：

脚前后微蹬地，重心先在后，再把双脚的重心前移，同时右拳直线向前冲出，左手握拳向上，手臂微微内旋，力度直达拳面。（见图 7-7）

图 7-7

教学提示

腰略微左转，臂微内旋，肘微屈。发力快猛，转腰送肩，还原时以腰带肘弹性回收。

2. 左右摆拳（以右摆拳为例）

动作过程：

右脚微蹬地，右手出拳时重心移向右脚，上体向左侧移动的同时出右拳，向左平圆横摆，肘关节微曲，前臂在摆出的同时内旋，手腕内扣，斜拳握紧。（见图 7-8）

图 7-8

教学提示

摆拳击打对方头侧和脸部，力达拳面迅速还原，转腰拧胯，平圆横摆，侧击头部，同时左手自然收护于下颚前。

3. 左右勾拳（以右勾拳为例）

动作过程：

右手出拳时，右脚蹬地，扣膝转胯，身体重心略下沉，上体含胸收腹、向左拧腰，右

拳由下至上，反手，弧形拳面，向上弯肘约 90 度，前臂外旋，勾拳握紧。(见图 7-9)

图 7-9

教学提示

勾拳击打对方的下颚与腹部，快到目标时拳面迅速还原，右手自然守护于胸前。

4. 左右劈拳（以右劈拳为例）

动作过程：

右手出拳时，双膝先弯曲后伸直，身体的重心先沉后升，右臂屈肘上抬，向前上方伸出，用拳轮由上而下地劈砸，立拳握紧。

教学提示

劈拳击打对方头顶，力量要控制好，快到目标时，迅速还原，右手自然守护于胸前。(见图 7-10)

图 7-10

5. 左右栽拳（以右栽拳为例）

动作过程：

右手出拳时，身体重心向左，转腰拧胯，重心下沉，右臂向下内旋伸肘，拳背向里，拳心向外，拳头握紧，用拳面自上而下栽打。(见图 7-11)

图 7-11

教学提示

栽拳击打对方的胸和背部，注意转腰拧胯，控制好拳部的力量。

二、掌的训练

(一) 掌的形状

五指伸直为掌。五指分开的叫巴掌；五指并拢的叫荷叶掌；拇指展开而其余四指并拢的，叫八字掌；拇指弯曲而其余四指并拢的，叫柳叶掌；拇指弯曲而其余四指并拢并且手心内凹的，叫瓦楞掌。

1. 掌心

手心的一面。(见图 7-12)

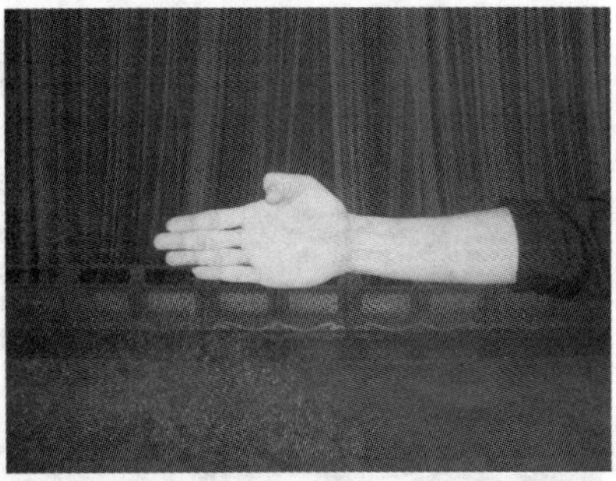

图 7-12

2. 掌背

手背的一面。(见图 7-13)

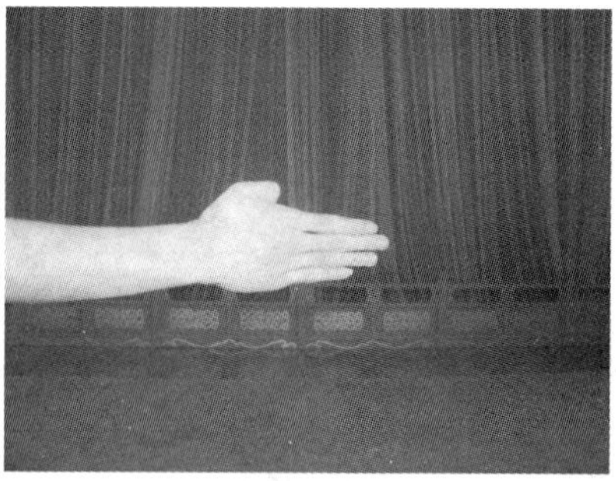

图 7-13

3. 掌指

立掌时的手指。(见图 7-14)

图 7-14

4. 复掌

掌背朝上，掌心朝下。(见图 7-15)

图 7-15

5. 反掌

掌的小指一侧朝上，拇指一侧朝下。（见图 7-16）

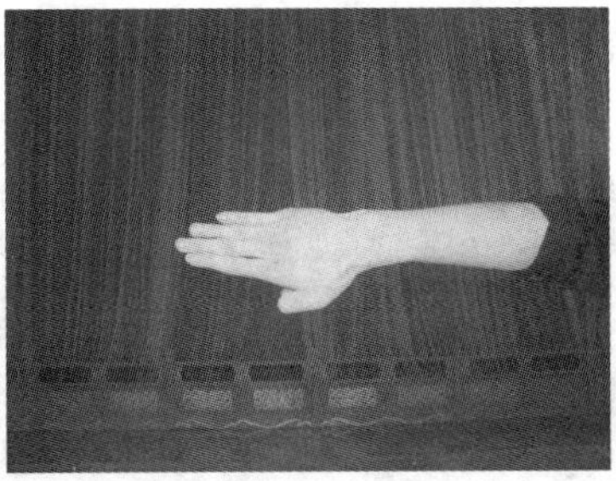

图 7-16

6. 直掌

掌的拇指一侧朝上，小指一侧朝下。

7. 仰掌

掌心朝上，掌背朝下。

8. 立掌

掌指朝上，腕关节带动掌背弯曲，使掌背与小臂成 90 度。由复掌部位向上屈腕即变立掌，也叫正立掌。

（二）掌法

1. 推掌

动作过程：

右脚蹬地内扣，身体向左拧转，右拳变立掌，手臂内旋前伸，五指合并，立掌直线向前推进。左手自然守护于胸前。（见图 7-17）

图 7-17

教学提示

推掌击打对方的脸部和胸部，力达掌面迅速收回，同时转腰带臂，直线推掌。

2. 插掌

动作过程：

右脚蹬地内扣，身体向左拧转，右拳变右掌，手臂呈直线内旋前伸，手腕平，五指并拢，掌心向下，与地面平行出击插掌。（见图 7-18）

图 7-18

教学提示

上体、下肢发力顺序与冲拳相同。转腰带臂，伸臂迅速，力达指尖。

3. 砍掌

动作过程：

脚蹬地，身体向左拧转，右臂内旋或外旋，同时屈肘上举，手腕伸平，五指并拢，掌刃向下，砍击对方。（见图 7-19）

图 7-19

教学提示

转腰带臂，伸臂迅速，沿斜线砍掌，力达掌外沿。

4. 按掌

动作过程：

左腿上步，身体向左拧腰转胯，右手五指并拢成掌，由上而下坐腕压掌，掌心向下。拍打目标时要防守对方的脚背攻击。（见图 7-20）

图 7-20

教学提示

力达掌心后，迅速收回。

5. 扇掌

动作过程：

左腿上步，身体向左拧转，右拳变掌，屈肘后变成直臂由右向左拍打对方的脸部。（见图 7-21）

图 7-21

教学提示

手腕伸直，四指并拢，拇指张开，掌心向侧。当攻方的手掌要到达另一方的脸部时，另一方的头随着攻方手掌的动作同时向侧方移动。

第二节　肘、腿、步法的训练

肘、腿、步法的训练，在进攻与防守中，对于不同的动作，要求也各不相同。每一种技术的运动过程，都要求准确、清晰，使旁人看起来该用力的地方用力，不该用力的地方不用力。

肘是腰、臂、腿三方力量集中的地方，它的撞击力非常大，因此在训练肘时更要强调力量的控制和配合；腿的训练是指大腿带动小腿和脚踝为力点变化击打对方的各种方法训练，腿法的特点一般为“溜得开阔，踢得长远，稳健有力，刚柔相济”；步法无论攻防，均强调移动迅疾、支撑平稳、脚步灵活、富有弹性。

一、肘法

（一）顶肘

动作过程：

双臂放至胸前，右脚向前成前弓步，上体由左向右微转，曲臂抬肘至肩平，拳心向下。肘尖重心向前做前顶动作，目标为对方的胸肋、腹部，快到目标后迅速还原。（见图 7-22）

图 7-22

教学提示

蹬腿转腰连贯协调，抬肘前顶、回收迅速。

(二) 摆肘

动作过程：

右腿上步，上身由左转拧胯，双手握拳，拳心向下，同时曲肘翻臂斜抬，肘尖、肘背成斜状横摆顶击对方。将到目标时迅速收回。

教学提示

上步快速、转腰充分，以腰带肘，摆击对方。

(三) 压肘

动作过程：

右脚上步，身体前俯，重心下压，一手握拳，一手抓住对方，握拳的手拳心向侧，屈肘垂直上抬，肘尖由上而下向下压顶。到达目标迅速收回还原。(见图 7-23)

图 7-23

教学提示

前俯压胯，力沉双腿，立肘下压，控制力量。

(四) 后肘

动作过程：

一腿后撤一步，身体向旁拧腰转胯，一手握拳，一手抓住对方，握拳的手拳心向下，屈肘平抬，肘尖由前往后转腰摆动。力达目标迅速还原。

教学提示

撤步转腰，抬肘回摆，肘至胸腹，迅速还原。

(五) 反肘

动作过程：

以右反肘为例。左脚向后撤半步，身体向左后拧转，右手握拳，拳心向下，屈肘斜抬，肘尖向左方用力斜撞反击。

教学提示

身体后斜，肘撞顶对方的脸和颈，力量要控制好，要碰到对方时迅速还原。（见图7-24）

图 7-24

（六）挑肘

动作过程：

以右挑肘为例。右脚上前一步，身体向左拧腰转胯，右手握拳，拳心向侧，弯肘上挑，肘尖由下而上进行挑顶。（见图 7-25）

图 7-25

教学提示

挑顶对方的下颚和胸部，力达肘尖迅速还原。

二、腿法

（一）蹬腿

动作过程：

一腿直立稍屈膝，另一腿屈膝抬起过腰，脚腕勾紧，在重心前移的同时以脚跟向前蹬去。目标为对方的胸腹或裆部。（见图 7-26）

图 7-26

教学提示

抬腿勾腕，向前曲蹬，快速连贯。

（二）弹腿

动作过程：

一腿直立屈膝，另一腿屈膝向旁摆起，脚面绷紧，随即挺膝向前弹踢小腿。力达脚背迅速还原。（见图 7-27）

图 7-27

教学提示

提膝绷脚，以膝带腿，屈伸前抬，力达脚背。(见图 7-28)

图 7-28

(三) 踹腿

动作过程：

一腿向前上步，满脚着地，膝盖微曲，重心前移的同时，身体旁转 180 度侧倒。另一腿屈膝高抬，勾脚腕，以脚掌为力点开胯顶髋，向前踹出。(见图 7-29)

图 7-29

教学提示

踹腿时身体与腿成一线，展髋挺膝，力达脚掌。(见图 7-30)

图 7-30

（四）前扫腿

动作过程：

一腿向前大上步，屈膝成前弓后箭。以屈膝全蹲的腿的前脚掌为轴心，身体向左或向右拧腰带身，重心前移向下；另一腿向前伸直，脚背内扣，脚掌着地，以大腿带动小腿前扫 360 度。（见图 7-31）

图 7-31

教学提示

上下动作连贯，扫转一圈一气呵成。

（五）后扫腿

动作过程：

一腿向前大上步，屈膝全蹲。以屈膝全蹲的腿的前脚掌为轴心，身体向左或向右拧腰带身，重心前移向下；另一腿向后伸直，脚背内扣，脚掌着地，以大腿带动小腿往后扫 360 度。

教学提示

上下动作连贯，后扫对方脚踝，扫转一圈后迅速还原。（见图 7-32）

图 7-32

(六) 勾踢腿

动作过程：

一腿向前上步，重心前移，直腿支撑，身体拧腰旁转 180 度收腹合胯；同时另一腿直腿向前，脚腕勾紧，有弧度地从侧面横扫擦地，勾踢对方脚踝。(见图 7-33)

图 7-33

教学提示

以腰带腿，摆腿横扫，勾踢合一。

(七) 剪绞腿

动作过程：

身体于右侧倒地，两腿分开。双肘屈肘扶地，右腿在上，脚内侧着地，左腿在下，脚外侧着地。

教学提示

当对方的两脚分开时，伺机插入对方的两腿空隙间，两腿迅速像剪刀似地剪绞。(见图 7-34)

图 7-34

三、步法

（一）上步

动作过程：

一脚上前，满脚着地，膝关节弯曲，脚尖微微内扣；另一脚在后，脚掌着地，膝关节适当地弯曲，脚后跟提起。

教学提示

一脚往前上步，另一脚随即跟上，重心前移，身体平稳，手臂放于胸前成准备姿势。

（二）退步

动作过程：

当一脚往后退时，膝关节适当弯曲，前脚脚掌着地，脚后跟提起；另一脚随即跟退，膝关节微微弯曲，满脚着地，脚尖内扣。

教学提示

重心后移，身体平稳，两只手臂放于胸前成准备姿态。（见图 7-35）

图 7-35

（三）闪步

动作过程：

一脚横向侧移半步，膝关节微屈，满脚着地；另一脚随即滑过，膝关节适当弯曲，前脚脚掌点地，脚后跟提起。

教学提示

重心旁移，身体平衡，两只手臂自然放于胸前成准备姿态。（见图 7-36）

图 7-36

（四）跨步

动作过程：

一脚向左或右移动半步，另一脚随即跟上，在上步时，两手的姿态要随着脚的左右移动而变化。

教学提示

重心下沉，在跨步时身体略微向侧拧转。（见图 7-37）

图 7-37

（五）垫步

动作过程：

后脚屈膝蹬地向前脚并步，同时前腿快速屈膝提起。

教学提示

后脚并步快捷，不腾空，前脚提膝快速连贯。（见图 7-38）

图 7-38

(六) 跪步

动作过程：

一腿向侧上步，满脚着地，屈膝下蹲，大腿与小腿成 90 度；另一腿屈膝下跪，脚后跟提起。

教学提示

一手屈臂，于头顶上方挡架；另一手反臂屈肘，握拳放于两腿之间。(见图 7-39)

图 7-39

第八章

打斗技巧训练

第一节　翻摔技巧的训练

翻摔技巧的掌握有利于在双方的打斗中，即保护自己不受到伤害，又将对方翻倒制服。在练习的过程中，要控制好呼吸，遵循平衡和控制的原理，以拙生巧，克敌制胜。在翻滚动作中，蹬地时要迅速果断；翻滚时支点在下方，动作始终围绕身体重心；由高处往下落要进行缓冲，掌握好平衡。

一、翻法

（一）不倒翁

动作过程：

两腿交叉，开胯坐地，抱膝。上身立腰，身体向一旁侧面倒靠，以肩、背后颈为轴心着地侧向翻滚，提臀立腰，收腹含胸，侧向弧形翻滚还原成抱膝坐立。（见图 8-1、图 8-2、图 8-3）

图 8-1

图 8-2

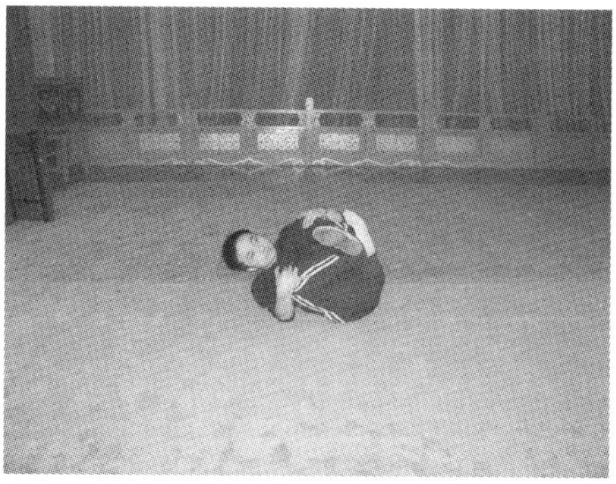

图 8-3

教学提示

此动作可连续侧向平圆翻滚，顺着惯性，身体保持不动，收腹、立腰、含胸。

(二) 侧滚

动作过程：

身体平卧于地面，两腿伸直，上下一致向侧方滚动。首先，肩、髋、腿外侧着地；其次，肩、髋、腿内侧着地；最后，背、臀、腿后侧着地。身体向前方连续侧滚，双臂自然弯曲。(见图 8-4)

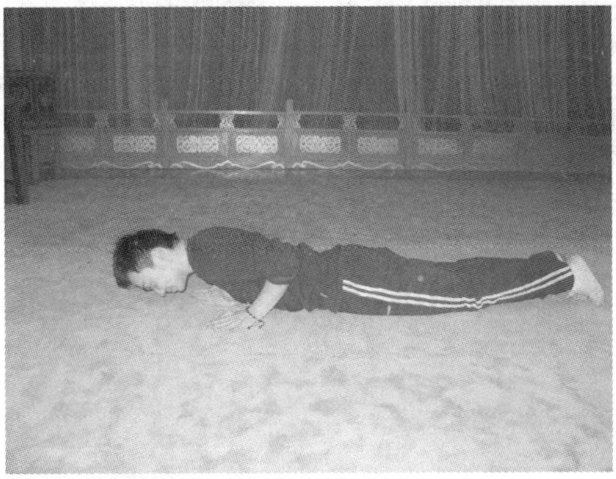

图 8-4

教学提示

动作连贯，身体平躺，由慢而快，侧向翻滚。

(三) 扑虎

动作过程：

正步站立，起跳时，两腿下蹲的同时纵腰提臀往上，身体向前方伸直腾空，等双手下落要撑地时踹腿，以胸、腹、绷脚面的顺序绵软着地，随即抬起上身，推手收腿起立。

教学提示

起跳纵腰提臀，下落抬头挺胸，着地要绵软。(图 8-5、图 8-6、图 8-7、图 8-8)

图 8-5

图 8-6

图 8-7

图 8-8

(四) 抢背

动作过程：

两腿站立，右脚上前一步的同时，双腿屈膝下蹲用力起跳，两手臂向右伸带臂引领，同时身体向右侧方腾空而起，身体腾空后侧身转体下落，用肩背着地后身体随之向右方滚动，右腿迅速地屈膝盘腿。

教学提示

要注意掖膀子，否则易摔伤锁骨或肩胛，忌低头和坐腰。(见图 8-9、图 8-10、图 8-11)

图 8-9

图 8-10

图 8-11

（五）侧手翻

动作过程：

（1）右腿支撑身体重心，左腿绷脚面，脚掌点地向前伸；抬双手，身体重心向前倾，重心移至左脚掌，伏身向下，双手左先右后侧身按地，两手间距与肩同宽。

（2）蹬腿，两腿以右腿先、左腿后的顺序相继离开地面，立腰、提臀、绷脚面，侧身倒立。

（3）落时右腿先落，左腿紧跟右腿，双手同时推离地面，右手紧跟左手，变正身向前，双手同时伸直向前。

教学提示

侧身双手按地至腾空翻转到落地均在一条直线上，忌歪斜、“吊腰”。（见图 8-12、图 8-13、图 8-14、图 8-15）

图 8-12

图 8-13

图 8-14

图 8-15

（六）大绷子

动作过程：

（1）左腿支撑身体重心，右腿脚掌点地向前伸；打开双手手臂，身体重心向前倾，重心移至左脚掌蹬腿。

（2）双手手臂由下而上立圆抡开，右手带左手跟，眼睛看住方向。

（3）蹦起后，前腿右腿开胯，后腿左腿稍扣胯，依次腾空屈膝转体 360 度，落时由左腿先落，右腿再落。

教学提示

双臂要抡甩开。跳转快，落地轻，上下身配合协调。（见图 8-16、图 8-17、图 8-18）

图 8-16

图 8-17

图 8-18

二、摔法

(一) 前摔

动作过程:

(1) 双脚站立与肩同宽，两手放在身体两侧。

(2) 两脚脚后跟立起，脚掌着地，双腿伸直，立腰，重心前移，身体挺直前倒。

(3) 在接近地面时，双臂前伸屈肘，俯卧缓冲撑地；上身抬头挺胸，两腿直膝，勾脚腕倒地。

教学提示

脚跟离地，直体前倒，屈臂俯撑。(见图 8-19、图 8-20、图 8-21)

图 8-19

图 8-20

图 8-21

（二）后摔

动作过程：

（1）双腿屈膝下蹲的同时，起一腿，绷脚面 45 度上抬，另一腿独立支撑重心后移，身体先仰后倒。

（2）在接近地面时双手前臂和背部同时落地，梗头提气背着地，两手前臂与手掌先着地以缓冲力量。（见图 8-22、图 8-23、图 8-24）

图 8-22

图 8-23

图 8-24

教学提示

屈膝后倒，挺髋抬腿，背臂着地。

（三）侧摔

动作过程：

（1）双脚站立与肩同宽，两手放在身体两侧。

（2）一腿屈膝下蹲，后跟提起，另一腿直膝绷脚侧抬至45度，重心旁移的同时向旁侧倒。

（3）接近地面时，旁侧的手臂伸出，另一手臂于胸前曲肘按地。身体与手臂几乎同时着地。（见图8-25、图8-26、图8-27）

图8-25

图8-26

图8-27

教学提示

梗头直背，立腰挺髋，侧身侧倒，屈膝抬腿。

(四) 穿裆扛摔

动作过程：

(1) 当乙方用右拳进攻甲方时，甲方用一手屈肘上抬格挡乙方，并顺势抓住乙方进攻手的手腕，同时上一步，另一手往前伸，搂抱住乙方的大腿。

(2) 双腿同时下蹲，重心下沉后，迅速起身用肩和背穿插在乙方的胯部，把乙方的身体腾空分腿扛起。

(3) 一手紧抓乙方的腿，肩和背穿裆扛胯在空中，旋转两圈后松手抛扔，再侧身翻滚。(见图 8-28、图 8-29、图 8-30)

图 8-28

图 8-29

图 8-30

教学提示

抓腕抱腿，穿裆肩扛，旋转侧摔。

(五) 抱腿背摔

动作过程：

(1) 当乙方还没有防备时，甲方迅速往前上一步，在乙方的旁侧满脚着地，两腿呈一前一后的状态，重心在前脚，双腿屈膝，重心下沉。

（2）在上步的同时，两手紧随交叉抱紧对方两膝的后部，同时用肩扛顶对方的腹部，成肩扛手抱的状态。

（3）蹬地发力，使乙方腾空离开地面后，乙方从肩部向前腾空下趴倒地。（见图8-31、图8-32）

图 8-31

图 8-32

教学提示

突击抱腿，蹬地立腰，肩扛手抱。

（六）夹颈侧摔

动作过程：

（1）当乙方摆拳进攻时，甲方屈肘侧抬格挡，并顺势抓住乙方的手腕，另一手同时前伸，屈肘搂紧夹住乙方的颈部。

（2）一脚快速地上步，落在乙方的两腿之间，前脚掌，另一脚马上外转蹬腿。

（4）上身收腹含胸，一侧臀部抵顶乙方腹部，向外拧腰转胯，臀顶手拉使乙方侧面倒地。（见图8-33、图8-34、图8-35）

图 8-33

图 8-34

图 8-35

教学提示

抓手夹颈，臀顶腹部，拧腰翻摔。

第二节　擒拿与接触训练

擒拿主要分为主动擒拿和被动擒拿，它主要包括曲线、起伏、开合、顺势等运动形式。双方的配合要巧妙、准确，配合身体及腰部的动作来完成。在接触与抱打中要遵循反应敏捷、虚实分明、灵活多变的原则，来完成各种舞台打斗动作。

一、擒拿抓打

（一）抓头别腕

动作过程：

（1）两人对立。当乙方正面伸手抓住甲方头发进攻时，甲方双手曲肘上抬，一手手心紧贴另一手掌背，重叠按压在乙方的手背上，两掌刃往里滚切紧压对方手腕。

（2）同时一脚上步，另一脚在后脚跟提起，两腿屈膝，上身梗头立腰转变为低头收腹顶压，头顶切掌，由上而下，乙方别腕下跪。（见图 8-36、图 8-37）

图 8-36

图 8-37

教学提示

抓发下压，收腹别腕。

(二) 擒手压肘

动作过程：

(1) 当乙方侧面伸手抓住甲方手腕进攻时，甲方手腕由下往外环绕翻转，顺势反擒抓住乙方手腕。

(2) 甲方一手先回拉虚引上步，同时用另一手向前下压拍打乙方的肘部，使乙方倒地或跪地。

教学提示

绕腕反抓迅速，压拍肘协调有力。(见图 8-38、图 8-39)

图 8-38

图 8-39

（三）擒腕别肘

动作过程：

（1）两人对立。当乙方正面交叉伸手抓住甲方手腕进攻时，甲方被抓手腕往旁侧环绕反转，手指和掌刃旋转按住乙方虎口。

（2）同时顺势反擒抓住乙方手腕曲肘上提，翻转、反擒、一气呵成，迫使乙方背向别肘下跪。（见图 8-40、图 8-41）

图 8-40

图 8-41

教学提示

抓手绕腕，反脱擒腕，上提别肘。

（四）别肘压肩

动作过程：

（1）两人对立。当乙方用拳或掌进攻时，甲方即用一手挡抓，一腿上步转身 180 度，用前臂击挑乙方肘关节，用自己的肘别住乙方的肘。

（2）上步转身，快速把手臂曲肘外翻，扭住乙方的手臂，然后下压或脚踩乙方肩部。（见图 8-42、图 8-43、图 8-44、图 8-45）

图 8-42

图 8-43

图 8-44

图 8-45

教学提示

击挑对方快速，扣、别翻动作连贯。

（五）压腕别肘

动作过程：

（1）两人对立。当乙方用拳攻击甲方时，甲方即用一手挡抓乙方手腕。

（2）甲方上半步，稍转身，一手下穿反抓乙方肘部，同时向前推压乙方手腕，另一手往上扳抬其肘。（见图 8-46、图 8-47、图 8-48）

图 8-46

图 8-47

图 8-48

教学提示

抓腕、肘快，推压、扳抬相对协调。

二、接触抱打

(一) 接触抱腿前摔

动作过程：

(1) 两人对站。乙方踢出一腿，甲方迅速地抱接住乙方的腿，右脚上步，左脚用后跟回磕乙方支撑腿的膝盖。

(2) 同时用手抓住乙方的肩胸部位，迫使对方后背摔着地。(如图 8-49、图 8-50)

图 8-49

图 8-50

教学提示

抱紧腿，抓推迅速协调，回磕准确，将对方摔倒。

(二) 抱腿前顶摔

动作过程：

(1) 当乙方拳击甲方头部时，甲方快速上步，下蹲闪身；同时抱紧乙方的双腿，曲肘回拉。

(2) 同时用肩前顶乙方腹胯部，使乙方侧倒。

教学提示

下蹲闪身要快，抱腿压肘、肩顶协调。(见图 8-51、图 8-52)

图 8-51

图 8-52

(三)搂腰过背摔

动作过程：

(1) 当乙方用拳击打甲方的头部时，甲方立即用前臂格挡并随即抓住乙方的手臂。

(2) 甲方上步，手臂下穿搂抱住乙方的腰部，往上提拉，同时上身转腰、弓腰、撅臀，将其拎空摔倒。(见图 8-53、图 8-54、图 8-55)

图 8-53

图 8-54

图 8-55

教学提示

提抓、抱腰、转体、弓腰、撅臀连贯协调。

(四) 骑腰别颈

动作过程：

(1) 两人前后站立。当乙方转身欲逃跑时，甲方迅速屈膝用力往乙方腰臀部蹬腿。

(2) 当乙方被踢倒后，甲方分腿屈膝跳骑压在乙方腰部，臀部下坐。

(3) 甲方一手掐住乙方后颈，另一手同时拽住乙方头发往地面碰撞。搂紧乙方下颌往一旁用力，迫使乙方别颈受损躺地。(见图 8-56、图 8-57)

图 8-56

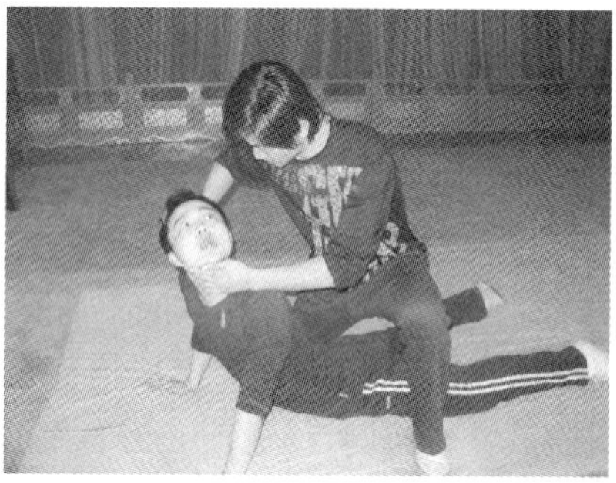

图 8-57

教学提示

蹬腰前倒，拽发砸头，骑腰别颈。

(五) 擒发踹腰

动作过程：

(1) 两人前后站立。当乙方转身逃跑时，甲方右手迅速擒住乙方的头发往回猛拉。

(2) 待乙方上体后仰失去平衡时，甲方左脚外展直腿支撑，右脚勾紧屈膝横胯用力踹乙方腰部。同时上体倾身顶髋，挺胸立腰，迫使乙方被踹腰后受损前倾跪地。(见图 8-58、图 8-59、图 8-60)

图 8-58

图 8-59

图 8-60

教学提示

擒发踹腰，手脚顿挫，回拉跪地。